KB268838

소설로 배우는 중국어

중국 청년 작가 우수 단편소설 모음집

3

엮은 이

황후남 : 한국외국어 대학교 중어중문학 박사수료

현)한국외국어 대학교 강사

동요로 배우는 중국어, 노래로 배우는 중국어, 그림으로

배우는 중국어, 동화로 배우는 중국어 등 20여권 중국어

교육에 관한 책 저서

金韩喜 : 중국 红十字基金会北京拔萃双语学校

YCT 쓰기 듣기 교재 등 다수 교재 녹음

최윤선 : 한국외국어 대학교 중어중문학 박사수료

현)한국외국어 대학교 강사

소설로 배우는 중국어 (3)

초판1쇄 2012년 8월 30일 / 초판 발행1쇄 2012년 9월 5일

펴낸이 서덕일 / 펴낸곳 문예림

등록번호 1926.7.12 제 2-110호

주소 서울 광진구 군자동 1-13 문예하우스 101호

TEL. 499-1281~2 Fax. 499-1283

http://www.bookmoon.co.kr/ book1281@hanmail.net

ISBN 978-89-7482-680-2 (13770)

머 리 말

　서점에 가면 영어 서적 분야에는 영어로 된 원서가 매우 다양하지만, 중국어 서적 분야에는 원서 보다는 HSK, BCT 와 같은 시험을 대비하는 수험서나 문법 정리를 다양하게 해놓은 책들이 대부분이다. 하지만 수험서에서 배운 내용과 문법만 가지고는 중국에 가서 실용회화를 구사하거나 중국 드라마나 영화를 이해하는 데에 장애가 있다. 나는 이 점을 매우 안타깝게 생각하였다. 그래서 실생활에서 사용되는 실용적인 회화를 학생들이 즐겁고 유용하게 체득하기를 바라는 마음에서 소설로 배우는 중국어 교재의 편찬을 기획하게 되었다.

　있음직한 사실이지만 작가의 머리에서 상상력으로 만들어진 소설은 비록 허구의 세계 이지만 그것을 접하는 사람들은 마치 현실의 세상에서 나타난 이야기처럼 느낀다. 그 허구의 세계 속에서 우리는 지금 시대를 살아가는 인간의 근원적 고민을 찾고 현실의 위안을 찾기 때문이다. 그러기에 소설은 가장 정교한 언어로 표현되어야 하는 것이고 각각의 언어는 그 언어를 가장 잘 표현해낸 작가를 가지고 있다. 괴테가 없는 독일어를 생각할 수 없고 일본의 문화와 정신을 세계에 알렸다는 가와바타 야스나리의 설국에 대한 일본의 사랑과 존경은 그래서 당연한 것이다.

　언어는 말하고 듣고 읽고 쓰는 인간의 의사소통에 대한 한계와 욕구를 담고 있기에 인간의 삶과 문화와 절대로 떨어진 적이 없다. 그러기에 언어를 배우는 가장 빠른 방법은 그 나라의 문화를 통해 언어를 배우는 것이다. 흔히 외국어는 그 나라에서 배우는 것이 가장 좋은 방법이라는 상식은 이렇게 만들어 지는 것이다. 그래서 오늘날 우리나라는 외국어 습득을 위해 어학연수나 유학을 통해 천문학적 비용이 사용되고 있다. 슬픈 한국의 모습이다.

　비록 그 나라에 가지 않아도 우리는 그 나라의 문화를 통해 언어를 배울 수 있는 방법이 있다. 그것은 바로 소설을 통해 그 문화를 이해하고 그들의 언어를 자신의 것으로 만드는 것이다. 하나의 소설 속에 있는 수많은 삶의 이야기들은 그 언어 속의 사람들의 생각과 삶을 이해시킬 것이고 그만큼 우리의 언어능력을 키워줄 것이다. 이것이 바로 중국어 소설을 통해 중국어공부를 위한 교재를 만드는 또 다른 이유다.

主编：徐则臣

　　徐则臣，北京大学中文系毕业，文学硕士。著有长篇小说《午夜之门》、《夜火车》、《水边书》，小说集《鸭子是怎样飞上天的》、《跑步穿过中关村》、《天上人间》、《人间烟火》、《居延》等。曾获春天文学奖、西湖·中国新锐文学奖、华语文学传媒大奖·2007 年度最具潜力新人奖、庄重文文学奖、小说月报百花奖、《中篇小说选刊》2008－2009 年度全国优秀中篇小说奖等。根据中篇小说《我们在北京相遇》改编的《北京你好》获第十四届北京大学生电影节最佳电视电影奖，参与编剧的《我坚强的小船》获第四届好莱坞 AOF 国际电影节最佳外语片奖。2009 年赴美国克瑞顿大学(Creighton University)做驻校作家，2010 年参加爱荷华大学国际写作计划（IWP）。部分作品被译成德、韩、英、荷、日、蒙等语。上海作协专业作家。

	해설한 이 : 황후남 김지현 남경석
황후남	한국외국어 대학교 중어중문학 박사수료 현)한국외국어 대학교 강사 동요로 배우는 중국어, 노래로 배우는 중국어, 그림으로 배우는 중국어, 동화로 배우는 중국어 등 20 여권 중국어 교육에 관한 책 저서
김지현	성균관대학교 중어중문학과 졸업 현) (주)올가교육 한자·중국어 강사 공동 저서 : 동요로 배우는 중국어 동영상 강의: 중국 심천 한국어
남경석	과천외국어 고등학교 1 학년

	녹음한 이 : 徐榛 葛文婷 남경석 김선주 안채진
徐榛	중국 강소성 양주대학교 국제한국어교육학과 학사 한국외국어대학교 일반대학원 중어중문학과 박사생
葛文婷	中国长江大学汉语言文化师范 학사 연세대학 한국어 석사
남경석	과천외국어 고등학교 1 학년
김선주	분당구 양영중학교 3 학년
안채진	분당구 양영중학교 2 학년

爱 情 诗

金仁顺

作者简介：

金仁顺，　文坛 70 年代出生的代表作家之一，生于吉林省白山市，朝鲜族，毕业于吉林艺术学院戏剧文学专业，现居长春。

1997 年开始创作。迄今为止已完成小说、散文近二百万字。中短篇小说主要发表在《收获》、《作家》、《人民文学》、《花城》、《钟山》、《大家》等纯文学期刊上，作品入选多种文学选本，后有小说集结集出版四部：《爱情冷气流》、《月光啊月光》、《彼此》、《玻璃咖啡馆》；出版有长篇小说《春香》；散文集：《仿佛一场白日梦》、《美人有毒》。

在由其短篇小说《水边的阿狄丽雅》改编的电影《绿茶》（张元导演；姜文、赵薇主演）（2002 年）中，担任编剧；在电影《时尚先生》（乔梁导演；方中信、孔维、吕玉来主演）（2008 年）中，担任编剧。由其作品《爱情走过夏日的街》改编的电视剧《妈妈的酱汤馆》由中韩两国联合投资、拍摄，2006 年年底在中央电视台八套黄金时段播出。创作话剧《他人》、《刀》、《像》。其中《他人》在中国第八届戏剧节上获得剧目奖。

小说曾获得庄重文文学奖、春申原创文学奖、中国小说双年奖、民族文学年度奖、长白山文艺奖等。部分作品被译成日文、英文、德文、韩文。2010 年赴美国参加爱荷华国际写作计划。

爱 情 诗

金仁顺

1、

　　安次和赵莲第一次见面的晚上喝了太多的酒，很多细节在事后[1]变得无法确认了。他怀疑那一夜的诸多[2]美妙[3]情感[4]是被酒精[5]渲染[6]出来的。所以，他宁可把第二次见赵莲，当成[7]他们之间真正的开始。

那天他接到一个陌生[8]女人打来的电话，她说我是赵莲，遇到[9]了点儿麻烦[10]，请你帮帮我。

　　"哪个赵莲？"他眼睛盯[11]着电视，心里这么嘀咕[12]着，一不留神[13]，话就脱口而出[14]了。

　　"我是……洞天府的赵莲。"电话里的声音变得低沉[15]了。

　　安次一下子[16]想起来了。

　　"对不起啊，对不起，光记着[17]你是洞天府[18]的`第一美女'，忘了你的名字了。"

　　赵莲短短地笑了一声。

2、

　　两个星期前，安次的哥哥安首在"洞天府"请客[19]。"洞天府"的老板[20]是安首的哥们儿[21]，安首订包房[22]时，嘱咐[23]了老板一句，"给我挑[24]个漂亮机灵[25]的服务员，上次那个说一句她动一动，油瓶子[26]倒了都不知道扶[27]。"

---

[1] 事后: shì hòu 일이 벌어진 후
[2] 诸多: zhū duō 많은
[3] **美妙**: měi miào 미묘하다. 아름답고 즐겁다

[4] 情感: qíng gǎn 감정. 느낌
[5] 酒精: jiǔ jīng 알코올
[6] 渲染: xuàn rǎn （말이나 글을）과장하다
[7] 当成: dàng chéng ~로 여기다. ~로 간주하다
[8] 陌生: mò shēng 낯설다
[9] 遇到: yù dào 만나다. 마주치다
[10] 麻烦: má fan 귀찮다. 번거롭다
[11] 盯: dīng 주시하다. 뚫어져라 쳐다보다
[12] 嘀咕: dí gu 중얼거리다
[13] 留神: liú shén 주의하다. 조심하다
[14] 脱口而出: tuō kǒu ér chū 무의식 중에 말이 나오다
[15] 低沉: dī chén （소리가）낮다. 의기소침하다
[16] 一下子: yī xià zi 단번에. 갑자기
[17] 光记着: guāng jì zhe ~만 기억하고 있다
[18] 洞天府: dòng tiān fǔ （신선이 산다는）동천(이 글에서는 술집 상호로 쓰임－동천부)
[19] 请客: qǐng kè 접대하다. 초대하다
[20] 老板: lǎo bǎn 가게주인. 주인장
[21] 哥们儿: gē menr 형제들. 친구 사이에서 친근하게 부르는 호칭
[22] 包房: bāo fáng （식당의）칸막이 방. （약정한 기간 그 사람에게만 빌려주고 타인의 사용을 금지하는 방）

"洞天府"老板是个笑面虎[28]，"我把我们酒店的第一美女给你派[29]过去。到时候你别忘了给小费[30]。"

赵莲就是那个"第一美女"。她平时不端盘子[31]，站在酒店门口迎宾[32]，这天晚上临时[33]被老板抽调[34]过来，身上还穿着宝蓝色[35]丝绸[36]旗袍，头发拢[37]在脑后[38]盘[39]成发髻[40]。打眼一看[41]，"第一美女"虽然言过其实[42]，但她肤色白净[43]，唇红齿白[44]，加上身段婀娜[45]，拧[46]着腰肢[47]那么一走，当真[48]是步姿撩人[49]。

赵莲知道这桌客人跟老板的关系非同寻常[50]，也知道自己赏心悦目[51]，笑容格外甜美[52]，动作很有表演性，十分殷勤[53]地给客人们添酒倒茶[54]。酒桌上气氛融洽[55]，六个人先喝了三瓶五粮液[56]，又喝了十瓶啤酒。

---

23 嘱咐: zhǔ fù 분부하다. 당부하다
24 挑: tiāo 고르다. 선택하다
25 机灵: jī ling 영리하다. 똑똑하다
26 油瓶子: yóu píng zi 기름병
27 扶: fú (넘어진 것을) 똑바로 세우다
　倒了油瓶儿不扶 dǎo le yóu píngr bù fú 손 하나 까딱 않다. 거들지 않고 모르는 척하다
28 笑面虎: xiào miàn hǔ 겉은 온화하지만(착한 것 같지만) 속은 음흉한 사람
29 派: pài 파견하다
30 小费: xiǎo fèi 팁
31 端盘子: duān pán zi 시중을 들다
32 迎宾: yíng bīn 손님을 맞이하다
33 临时: lín shí 임시. 잠시
34 抽调: chōu diào (인원을) 뽑아서 다른 데로 돌리다
35 宝蓝色: bǎo lán sè 선명한 남색
36 丝绸: sī chóu 명주. 견직물
37 拢: lǒng (머리를) 빗다. 다듬다
38 脑后: nǎohòu 뒷머리. 머리의 뒤쪽
39 盘: pán (머리를) 쪽찌다
40 发髻: fà jì 쪽. (부인네의 아래 뒤통수에 땋아서 틀어 올려 비녀를 꽂는
　머리털)
41 打眼一看: dǎ yǎn yī kàn 좀 살펴보다
42 言过其实: yán guò qí shí 사실보다 과장해서 말하다
43 肤色白净: fū sè bái jìng 피부가 희고 깨끗하다
44 唇红齿白: chún hóng chǐ bái 입술은 빨갛고 이는 새하얗다
45 身段婀娜: shēn duàn ē nuó 자태가 유연하고 아름답다
46 拧: nǐng 틀다. 비틀다
47 腰肢: yāo zhī 허리 부분
48 当真: dàng zhēn 과연. 정말로
49 步姿撩人: bù zī liáo rén 걷는 자태가 남의 마음을 움직이게 하다(남의
　마음을 끌다)
50 非同寻常: fēi tóng xún cháng 각별하다
51 赏心悦目: shǎng xīn yuè mù 눈과 마음을 즐겁게 하다
52 格外甜美: gé wài tián měi 유난히 유쾌하다(즐겁다)
53 十分殷勤: shí fēn yīn qín 매우 성심성의를 다하다
54 添酒倒茶: tiān jiǔ dào chá 술과 차를 따르다
55 气氛融洽: qì fēn róng qià 분위기가 화기애애하다
56 五粮液: wǔ liáng yè 오량액(다섯 가지 곡물로 빚은 술, 중국 사천성
　이빈시에서 산출되는 고량주의 일종)

正经事儿[57]谈得差不多了，安首讲了几个段子[58]活跃气氛[59]。一桌子男人笑得东倒西歪[60]的，有人斜睨[61]着赵莲说，"安老板得注意影响啊，这里还有女生呢。"

　　"这才哪儿到哪儿啊，比这邪乎[62]的她们听得多了。"安首回头看了一眼赵莲，问，"是不是啊？"

赵莲笑而不答。

　　"现在的女人喝酒比男人厉害[63]，讲段子也比男人厉害。"

　　安首怂恿[64]赵莲讲段子，"我给你小费，一个段子一百。怎么样？"

　　"我不会讲。"赵莲借口[65]取果盘[66]，红着脸出去了。

　　"装什么纯情玉女[67]。"有人盯着赵莲的背影[68]说。

　　"喝酒喝酒喝酒，"安首把杯子举起来，"喝完酒我带你们去看纯情玉女秀。"

　　大家笑起来。

　　吃完水果，安首带着客人先走了。安次留下来买单[69]。包房里一下子冷清[70]下来，有了股空旷[71]的意味儿。满桌子残酒剩菜[72]，散发出让人颓丧[73]的气息[74]。赵莲拿着账单[75]去前台[76]结账[77]，出门前打开了几扇窗子，安次的头晕乎乎[78]的，坐在窗边的椅子上透气[79]，冷风一吹，胃里的酒翻转[80]、扭曲[81]起来，顺着[82]食道[83]直往上窜[84]。

---

[57] 正经事儿: zhèng jing shìr 용건. 진지한 일
[58] 段子: duàn zi (相声 · 评书 · 大鼓 등의) 한 단락
[59] 活跃气氛: huó yuè qì fēn 분위기를 활기차게 하다
[60] 东倒西歪: dōng dǎo xī wāi 이리저리 비틀거리다. 중심을 잡지 못해 쓰러질 듯하다
[61] 斜睨: xié nì 곁눈질하다. 흘겨보다
[62] 邪乎: xié hu 이상하다. 괴상하다
[63] 厉害: lì hai 대단하다. 심하다
[64] 怂恿: sǒng yǒng 꼬드기다. 부추기다
[65] 借口: jiè kǒu 구실로 삼다. 핑계를 대다
[66] 果盘: guǒ pán 과일을 담는 쟁반
[67] 纯情玉女: chún qíng yù nǚ 순결하고 진지한 옥녀(미녀)
[68] 背影: bèi yǐng (사람의) 뒷모습
[69] 买单: mǎi dān 계산서
[70] 冷清: lěng qīng 적막하다. 한산하다
[71] 空旷: kōng kuàng 광활하다. 넓디넓다
[72] 残酒剩菜: cán jiǔ shèng cài 먹다 남은 술과 음식
[73] 颓丧: tuí sàng 위축되다. 의기소침하다
[74] 气息: qì xī 기운
[75] 账单: zhàng dān 계산서
[76] 前台: qián tái 카운터
[77] 结账: jié zhàng 계산하다
[78] 晕乎乎: yūn hū hū 어질어질하다. 어지럽다
[79] 透气: tòu qì 신선한 공기를 마시다
[80] 翻转: fān zhuǎn 뒤집히다
[81] 扭曲: niǔ qū 비틀리다. 꼬이다
[82] 顺着: shun zhe ~에 따르다
[83] 食道: shí dào 식도
[84] 窜: cuàn (위로) 솟구치다

安次捂[85]着嘴出门时，赵莲拿着单子刚回来，他顾不上[86]跟她说话，径直[87]冲到洗手间去吐。吐完了，胸口爽快[88]了不少，又用冷水漱了口[89]，洗了脸，这才回到包房。

包房里已经收拾过了，连桌布也换了新的，赵莲给安次沏[90]了一壶新茶，让他醒醒酒[91]。

"外面下雨了。"

他们就着这壶新茶，聊[92]了一个多小时。多半是安次问，赵莲答。赵莲今年二十，是家里的独生女儿[93]，考大学那几天生了病，没考上，也不想再给家里增加负担了，正好看见"洞天府"招工[94]，就到这里来了。

"家里没什么靠山[95]，就算考上[96]大学了，找工作也很费劲儿[97]。"赵莲微微地笑着，仿佛[98]在说一件很简单的事情。

安次想起自己二十岁的时候，正在大学读书，狂热[99]地迷恋[100]着朦胧诗[101]。那时候朦胧诗在年轻人心目中的地位相当于现在的摇滚乐[102]。安次的情绪不知不觉[103]地有些激动，望着外面，雨还在下，凉湿的空气扑面而来[104]，他给赵莲背了一段北岛[105]的诗：

即使明天早上，

枪口和血淋淋[106]的朝阳，

让我交出自由，青春和笔。

我也决不交出现在，

决不交出你。

85　捂: wǔ 가리다. 막다

86　顾不上: gù bù shàng ~을 생각할 수 없다. 돌볼 틈이 없다

87　径直: jìng zhí 곧장. 곧바로

88　爽快: shuǎng kuai 개운하다

89　漱了口: shù le kǒu 입을 헹구었다

90　沏: qī (뜨거운 물에) 우리다

91　醒酒: xǐng jiǔ 술에서 깨다

92　聊: liáo 잡담하다. 수다 떨다

93　独生女儿: dú shēng nǚ ér 외동딸

94　招工: zhāo gōng 일꾼을 모집하다

95　靠山: kào shān 믿고 의지할 사람. 백

96　算考上: suàn kǎo shàng 시험에 붙었다 하더라도

97　费劲儿: fèi jìnr 힘들다. 어렵다

98　仿佛: fǎng fú 마치 ~인 것 같다. 마치 ~인 듯하다

99　狂热: kuáng rè 열광적이다. 미치다

100　迷恋: mí liàn 열중해서 제정신을 잃다. 연연하다

101　朦胧诗: méng long shī 몽롱시(뜻이 추상적이고 모호한 류의 시)

102　摇滚乐: yáo gǔn yuè 로큰롤

103　不知不觉: bù zhī bù jué 자기도 모르는 사이에

104　扑面而来: pū miàn ér lái 얼굴에 확 스쳐오다

105　北岛: běi dǎo 북도(중국 당대의 시인)

106　血淋淋: xiě lín lín 피가 뚝뚝 떨어지는 모양

赵莲的眼睛闪着光[107]。安次在她的眼睛里面看见自己挥舞[108]着手臂[109]的形象。"那个时候女生也和我们一样，把诗歌当成生命中最神圣[110]的东西，比化妆品[111]，比衣服鞋子之类的重要得多，甚至比谈恋爱[112]都重要，她们和我们一样整天骑着破自行车——不能骑好车，好车老[113]是丢，大学校园里净[114]是小偷——参加演讲[115]比赛，诗歌讨论会，偶尔[116]看一场舞台剧[117]。"

安次离开"洞天府"时，往赵莲手里塞[118]了两百块钱小费，还给她留了一张名片[119]，"有什么需要帮忙的，给我打电话。"

赵莲拿着安次的名片，"咦[120]"了一声。

"怎么了？"安次问。

赵莲笑了，"你手机后面的四位[121]刚好是我的生日。"

"是吗？"安次也笑了，"看来，我们是有缘[122]人啊。"

3、

安次临出门时看了一眼表，十一点多一点儿，路倒不远，开车十多分钟就到了。

赵莲站在路边等着，仍然穿着旗袍，不过这一件是月白色的，被车灯一闪[123]，波光鳞鳞[124]的，好像把一层水穿在了身上。

安次心里暗暗惊奇[125]，同样的衣服，在酒楼里穿，是地地道道[126]的服务员，到了外面，摇身一变成了电视剧里面的姨太太[127]。

车停下来以后，赵莲先跟他要了一块钱，跑到附近的杂货店里给人送去，然后才上车。她显然哭过了，眼皮[128]有些红肿，怕冷似地交叉胳膊[129]抱紧[130]自己。

---

[107] 闪光: shǎn guāng 반짝이다. 번쩍이다
[108] 挥舞: huī wǔ 흔들다. 휘두르다
[109] 手臂: shǒu bì 팔뚝
[110] 神圣: shén shèng 신성하다. 성스럽다
[111] 化妆品: huà zhuāng pǐn 화장품
[112] 谈恋爱: tán liàn ài 연애하다
[113] 老: lǎo 늘. 언제나
[114] 净: jìng 온통. 모두
[115] 演讲: yǎn jiǎng 연설. 웅변
[116] 偶尔: ǒu ěr 때때로. 간혹
[117] 舞台剧: wǔ tái jù 무대극
[118] 塞: sāi 집어넣다. 쑤셔 넣다
[119] 名片: míng piàn 명함
[120] 咦: yí (놀람과 이상함을 나타내어) 어!
[121] 四位: sì wèi (핸드폰 번호의) 네 자리
[122] 有缘: yǒu yuán 인연이 있다
[123] 闪: shǎn 반짝이다. 번쩍이다
[124] 波光鳞鳞: bō guāng lín lín 물결이 비늘처럼 반사하는 빛
[125] 暗暗惊奇: àn àn jīng qí 은근히 놀랍고도 이상하다
[126] 地地道道: dì di dào dào 전형적인. 진정한
[127] 姨太太: yí tài tai 첩
[128] 眼皮: yǎn pí 눈꺼풀
[129] 交叉胳膊: jiāo chā gē bo 팔을 (X 자로) 교차시키다
[130] 抱紧: bào jǐn 꽉 안다

"怎么了？"

赵莲不说话。

安次把车灯关掉[131]，两个人在黑暗里坐了一会儿。

"出什么事儿了？"

赵莲不说话，嘤嘤[132]哭了起来。

安次在家看了一天影碟[133]，几乎没吃什么东西，这会儿赵莲压低[134]的抽泣声[135]进入他的胃里，变成了猫爪子[136]，一下一下地抓挠[137]着他的胃壁。他回想她在电话里的声音，已经很不对劲儿[138]了，难怪[139]他没听出她是谁来。

赵莲哭了一会儿就不哭了，但还是不说话。对面开过来的车灯一晃[140]，她被泪水打湿的脸颊[141]上反着光[142]。

安次想了想，开车把带赵莲到常去的一家咖啡馆，给她要了一杯"卡布奇诺[143]"，还要了点儿吃的东西。

赵莲两手捧[144]着杯子，把咖啡和奶油[145]一小口一小口喝完，才开口说话。晚上老板带朋友来吃饭，吃完饭约[146]她和另外一个迎宾的女服务员出去喝咖啡。那时候几乎没有客人登门[147]了，她们也闲了下来[148]。赵莲出门后发现老板带着另外那个服务员开车先走了，他的朋友在等着她。他喝了酒，车开得飞快[149]，一口气[150]开到了城郊的树林里。他劝她别干[151]服务员了，让她以后跟着他，他给她买房买车，买钻石[152]买手机。除了婚姻[153]，他什么都能满足她，就是婚姻，也不是绝对不行，只不过是眼下[154]不行。他一边说一边动手动脚[155]，把她吓得半死[156]，好容易[157]挣开[158]他跑出车去，但旗袍

---

¹³¹ 关掉: guān diào 꺼버리다

¹³² 嘤嘤: yīng yīng 흑흑 (낮은 소리로 우는 소리)

¹³³ 影碟: yǐng dié 비디오 시디(VCD)

¹³⁴ 压低: yā dī 낮추다. 줄이다

¹³⁵ 抽泣声: chōu qì shēng 훌쩍거리는 (흐느끼는) 소리

¹³⁶ 猫爪子: māo zhuǎ zi 고양이 발톱

¹³⁷ 抓挠: zhuā nao 긁다

¹³⁸ 不对劲儿: bù duì jìnr 정상이 아니다. 이상하다

¹³⁹ 难怪: nán guài ~하는 것도 당연하다

¹⁴⁰ 晃: huǎng 밝게 빛나다

¹⁴¹ 脸颊: liǎn jiá 뺨. 볼

¹⁴² 反着光: fǎn zhe guāng 빛을 반사시키다

¹⁴³ 卡布奇诺: kǎ bù qí nuò 카푸치노

¹⁴⁴ 捧: pěng 두 손으로 받쳐 들다. 두 손으로 움켜 집다

¹⁴⁵ 奶油: nǎi yóu 크림

¹⁴⁶ 约: yuē 약속하다

¹⁴⁷ 登门: dēng mén 방문하다

¹⁴⁸ 闲了下来: xián le xià lái 한가해지다

¹⁴⁹ 飞快: fēi kuài 매우 빠르다

¹⁵⁰ 一口气: yī kǒu qì 단숨에. 단번에

¹⁵¹ 别干: bié gàn (일을) 하지 마라

¹⁵² 钻石: zuàn shí 다이아몬드. 금강석

¹⁵³ 婚姻: hūn yīn 혼인. 결혼

¹⁵⁴ 眼下: yǎn xià 현재. 지금

¹⁵⁵ 动手动脚: dòng shǒu dòng jiǎo 집적거리다. 희롱하다

绊腿[159]，没跑多远又让他抓回了车里，幸亏她死命[160]地抗拒[161]，最坏的事情总算[162]没有发生。两个人折腾[163]了好几个小时，他的酒慢慢地醒了，态度温和[164]了不少，但意思还是原来的意思，劝她跟了他，她要是跟了他[165]，想什么有什么。赵莲担心无法脱身[166]，也假装[167]对他的提议[168]有兴趣，但强调说她不是随便[169]的女孩子，轻易[170]就和男人如何如何[171]，她让他给她点儿时间考虑。老板的朋友同意了，他们开车回城，中间他停车去买烟，她趁机[172]下车躲了起来，他买完烟回来，见她不在车里，在四周找了找，就开车走了。她这才跑出来，找到那家可以打电话的杂货店，她身上没带钱，没法儿[173]打车，而且时间也太晚了，"洞天府"这会儿可能已经关门了。

　　她这才给安次打电话。

　　"你说过你会帮我忙的。"

　　"我会帮你的。"安次松了一口气。赵莲讲完了，他也像喝多了酒刚刚吐完，虽然有些别扭[174]，但轻松[175]了不少，"吃完饭，你想去哪儿？"

赵莲看了他一眼，没说话。

　　"先吃点儿东西吧。"安次把盘子往她面前推推，自己点上[176]了一支烟。

　　"实在没地方去就跟我走。"

　　赵莲吃了几口东西就不吃了，安次把烟摁[177]在烟缸[178]里，招手叫服务员过来买单。

　　"我们去哪儿？"赵莲问。

　　"郊区树林。"安次笑着说。

　　赵莲嗔怒[179]地瞪了他一眼，笑了。

---

[156] 吓得半死: xià de bàn sǐ 놀라서 반죽음이 되다. 초주검이 되다

[157] 好容易: hǎo róng yì 가까스로. 간신히

[158] 挣开: zhèng kāi 힘써(필사적으로) 벗어나다

[159] 绊腿: bàn tuǐ 발에 걸리다

[160] 死命: sǐ mìng 죽을힘을 다해. 필사적으로

[161] 抗拒: kàng jù 저항하다. 반항하다

[162] 总算: zǒng suàn 겨우. 간신히

[163] 折腾: zhē teng 고통스럽게 하다. 괴롭히다

[164] 温和: wēn hé 온화하다. 부드럽다

[165] 跟了他: gēn le tā 그를 따라가다. 그에게 시집가다

[166] 无法脱身: wú fǎ tuō shēn 빠져 나올 방법이 없다

[167] 假装: jiǎ zhuāng 가장하다. 짐짓 ~체하다

[168] 提议: tí yì 제의

[169] 随便: suí biàn 함부로 하다. 제멋대로 하다

[170] 轻易: qīng yì 수월하게. 가볍게

[171] 如何如何: rú hé rú hé 하라는 대로 하다

[172] 趁机: chèn jī 기회를 틈타서

[173] 没法儿: méi fǎr 방법이 없다

[174] 别扭: biè niu 불편하다. 상쾌하지 않다

[175] 轻松: qīng sōng 홀가분하다. 가뿐하다

[176] 点上: diǎn shàng ~에 불을 붙이다. 피우다

[177] 摁: qìn (손가락 끝으로) 눌러 끄다

[178] 烟缸: yān gāng 재떨이

[179] 嗔怒: chēn nù 화내다

4、

　　安次带着赵莲到了"圣湖"酒店，酒店的装修工程[180]是安首承包[181]的，还有一部分余款[182]没结[183]，他们兄弟在这里开房[184]打对折[185]不说[186]，还可以签单[187]。服务员早都跟他们熟悉了，安先生长安先生短[188]的，一边拿眼睛瞟[189]站在他身后的赵莲。

　　"你经常带女孩子来这里吧？"进了电梯赵莲问。

　　"你呢？"安次反问[190]她，"你是第几次跟男人到酒店来？"

　　赵莲的脸色一下子[191]变了，别转过身子，垂下[192]眼睛盯着自己的脚。

　　电梯到了楼层，安次先走出去，回头一看，赵莲留在电梯里不动。

　　"生气了？"安次又走回去，电梯门在他身后关上了。他按[193]了一下按钮[194]，笑着跟赵莲说，"我跟你开玩笑的。"

　　赵莲幽幽[195]地瞪[196]了他一眼，电梯门又打开，她这才跟着他走出来。

　　酒店是四星级[197]，房间很舒服。浴室[198]是特别设计[199]的，有平常酒店浴室的两个大。里面既有淋浴[200]间，也有浴缸[201]。

　　"洗个澡吧，要不然浪费[202]了。"安次推开浴室门，指给赵莲看了看。又指了指她身后的衣橱[203]，"里面有浴衣，都是消过毒[204]的。"

　　赵莲没说话。

　　"你放心。我既然没把你带到郊区树林里，就不会干那些在树林里干的事儿[205]。"安次在窗前的沙发上坐下，"当然，你想洗就洗，不想洗也别勉强[206]。"

------

[180] 装修工程: zhuāng xiū gōng chéng 인테리어 공사
[181] 承包: chéng bāo 도맡다. 책임지고 떠맡다
[182] 余款: yú kuǎn 잔금. 잔고
[183] 结: jié 결제하다. 결산하다
[184] 开房: kāi fáng (숙박업소의) 방을 빌리다
[185] 打对折: dǎ duì zhé 50% 할인하다
[186] …不说: …bù shuō ~뿐만 아니라
[187] 签单: qiān dān 외상(거래) 하다
[188] …长…短: …cháng…duǎn 이러니 저러니 말하다
[189] 瞟: piǎo 곁눈질하다. 힐끗 보다
[190] 反问: fǎn wèn 반문하다
[191] 一下子: yī xià zi 갑자기
[192] 垂下: chuí xià 늘어뜨리다
[193] 按: àn 누르다
[194] 按钮: àn niǔ 버튼
[195] 幽幽: yōu yōu 조용히
[196] 瞪: dèng 눈을 부릅뜨고 노려보다
[197] 四星级: sì xīng jí 4 성급 호텔
[198] 浴室: yù shì 욕실
[199] 特别设计: tè bié shè jì 특별히 설계하다(디자인하다)
[200] 淋浴: lín yù 샤워
[201] 浴缸: yù gāng 욕조(특히 신식을 가리킴)
[202] 浪费: làng fèi 낭비하다. 허비하다
[203] 衣橱: yī chú 옷장
[204] 消毒: xiāo dú 소독하다

赵莲犹豫[207]了一下，在写字台前面的椅子上坐下了。

"我不想洗。"

"那我洗一洗，你不介意[208]吧？"安次问。

赵莲又犹豫了一下，摇摇头[209]。

"这儿有零食[210]，冰箱里有饮料。你自己随便[211]。"安次拿了一件浴衣进了浴室。水很热，他的思想和身体却都是冷静的。在"洞天府"的那个夜晚，安次对赵莲产生的亲近感越来越遥远[212]，几乎变成了某种想象。而眼下[213]这个坐在房间里的赵莲才是真实的，她的身材好像比那个夜晚丰满[214]一些，尖下巴[215]也不知怎地[216]变圆了，还有她说话的声音，她的眼神儿[217]，全都变得不是那么回事儿[218]了。最最重要的是，安次觉得她变脏了——在他的感觉里，那个男人的抚摸[219]还停留[220]在她身上，宛若[221]皮肤[222]病让人心生憎恶[223]——她不是那个雨夜里双手放在腿上、目光熠熠[224]地听他读诗的赵莲了。

安次洗完澡套上[225]内裤[226]，然后才把浴衣穿上。

赵莲坐在沙发上，望着他。

"你想喝东西吗？"

赵莲摇摇头。

他从冰箱里取出一听[227]啤酒[228]打开，挑[229]了个离她最远的位置在床边坐下了。

"你困不困？想睡觉吗？"

赵莲摇摇头。

---

[205] 干的事儿: gàn de shìr 하는 일
[206] 勉强: miǎn qiǎng 강요하다
[207] 犹豫: yóu yù 머뭇거리다. 망설이다
[208] 介意: jiè yì 마음속에 두다. 개의하다
[209] 摇头: yáo tóu 고개를 가로젓다
[210] 零食: ling shí 간식. 주전부리
[211] 随便: suí biàn 마음대로 하다. 좋을 대로 하다
[212] 遥远: yáo yuǎn 아득히 멀다
[213] 眼下: yǎn xià 현재. 지금
[214] 丰满: fēng mǎn 풍만하다
[215] 尖下巴: jiān xià ba 뾰족한 턱 끝
[216] 不知怎地: bù zhī zěn de 어째서인지
[217] 眼神儿: yǎn shénr 눈빛
[218] 那么回事儿: nà me huì shìr 그렇게 된 일이다
[219] 抚摸: fǔ mō 어루만지다. 쓰다듬다
[220] 停留: ting liú (잠시) 멈추다
[221] 宛若: wǎn ruò 마치 ~같다
[222] 皮肤: pí fū 피부
[223] 憎恶: zēng wù 혐오하다. 싫어하다
[224] 目光熠熠: mù guāng yì yì 눈빛이 밝게 빛나다
[225] 套上: tào shàng 껴입다
[226] 内裤: nèi kù 팬츠. 속바지
[227] 听: tīng (양사) 통(깡통·초롱 따위를 세는 단위)
[228] 啤酒: pí jiǔ 맥주
[229] 挑: tiāo 고르다. 선택하다

　　"要不……"安次喝了口酒，看着赵莲："你一个人在这儿睡吧，我下楼跟服务员说一声，直接把账结[230]了。"

　　"不用，"赵莲赶忙说，"我并不害怕你。你要是走了，没准儿[231]我倒会害怕的。"

　　好像为了证明自己的话似的，她也洗了个澡。但她没穿浴衣，又把旗袍穿回身上从浴室里出来，两手用毛巾[232]吸着头发里的水。

　　安次跟她随便聊[233]了几句，他半睡半醒[234]的，只知道自己在说话，却不知道究竟说了些什么。房间里所有的灯都开着，明晃晃[235]的，让人睡不塌实[236]。安次在迷迷糊糊[237]中，知道赵莲也在另一张床上躺下了，她好像睡不着，翻过来翻过去[238]的。

　　早晨起床洗漱[239]后，安次带着赵莲下楼吃早餐。赵莲没睡好，眼睛下面发黑，昨天哭肿的眼睛倒是恢复原状[240]了。她长了一对桃花眼[241]，天生[242]就擅长[243]左顾右盼[244]，她和安次同时注意到两个外国男人的目光围着她和她身上的旗袍转。

　　"你这么秀色可餐[245]，也难怪一大堆男人要围着你流口水[246]了。"安次端着盘子坐到赵莲的对面。

　　"什么流口水，说的那么恶心[247]……"赵莲笑容明媚[248]。

5、

　　"你在干吗？"

　　和赵莲在酒店分手后，她不停地给安次打电话。一共八个。安次在心里数着。没什么要紧事儿[249]，她说她站在门口迎宾，偶尔到吧台[250]里面坐坐，打电话很方便。

　　"你不专心[251]接客[252]，当心[253]老板骂你。"

₂₃₀ 账结: zhàng jié 장부를 결산하다
₂₃₁ 没准儿: méi zhǔnr ～일지도 모른다. 아마 ～일 것이다
₂₃₂ 毛巾: máo jīn 수건. 타월
₂₃₃ 聊: liáo 수다 떨다. 잡담하다
₂₃₄ 半睡半醒: bàn shuì bàn xǐng 비몽사몽간의 멍한 상태
₂₃₅ 明晃晃: míng huǎng huǎng 반짝 반짝하다. 번쩍번쩍하다
₂₃₆ 睡不塌实: shuì bù tā shi 숙면하지 못하다
₂₃₇ 迷迷糊糊: mí mi hū hū 정신이 없다. 흐리멍덩하다
₂₃₈ 翻过来翻过去: fān guò lái fān guò qù 이리저리 뒤척이다
₂₃₉ 洗漱: xǐ shù 세수하고 양치질하다
₂₄₀ 原状: yuán zhuàng 원래 모습
₂₄₁ 桃花眼: táo huā yǎn 요염한 눈빛
₂₄₂ 天生: tiān shēng 타고난. 선천적인
₂₄₃ 擅长: shàn cháng ～하기를 좋아하다
₂₄₄ 左顾右盼: zuǒ gù yòu pàn 이리저리 두리번거리다
₂₄₅ 秀色可餐: xiù sè kě cān (여자의 용모나 자태가) 아름답다
₂₄₆ 流口水: liú kǒu shuǐ 군침을 흘리다
₂₄₇ 恶心: è xīn 구역질이 나다. 속이 메스껍다
₂₄₈ 笑容明媚: xiào róng míng mèi 웃는 얼굴이 매력적이다
₂₄₉ 要紧事儿: yào jǐn shìr 중요한 일
₂₅₀ 吧台: bā tái (술·음료 등을 제공하는) 바(bar)
₂₅₁ 专心: zhuān xīn 전심전력하다

"你才接客呢，"赵莲啐[254]了一声，"讨厌。"

安次笑起来。

"我还当你是正人君子[255]呢，没想到你这么坏。"

"我千万[256]别把我当正人君子，我既不是正人君子，也不想当正人君子。"

"你就是。"赵莲加重了语气强调。"你嘴硬[257]也没用[258]。"

"女人要是跟男人说，他是个正人君子，那意思就等于是让这个男人滚远点儿[259]。"晚上安次开车把赵莲接出来，到前一天去过的咖啡馆喝咖啡。

赵莲显然没想到这个，愣住[260]了。她甚至没顾上[261]挑他的语病[262]，她不是"女人"，是"女孩子"。

"所以我说我不是。"

安次笑，赵莲也跟着笑了。

"你确实不是。"

服务员送咖啡过来，托盘[263]上面还有果盘[264]，炸薯条[265]，以及腰果[266]杏仁儿[267]之类的东西，把他们中间的小桌子摆得满满的。昨天安次给赵莲点了一杯"卡布基诺"，她竟然记住了，今天小姐问他们喝点儿什么，"卡布基诺"四个字从她嘴里脱口而出。

赵莲穿着一件宝蓝色旗袍，安次第一次见她时她穿的那件。她的旗袍在临近[268]午夜[269]的咖啡馆里也颇[270]引人瞩目[271]。坐在其他男人身边的那些女孩子大多属于染发[272]，穿吊带衫[273]，沓拉[274]着鞋拖[275]，手指间夹着细长的女士烟那一类。相形之下[276]，拘谨[277]的赵莲显出一股古典[278]美女的味道。

---

²⁵² 接客: jiē kè 손님을 접대하다(맞이하다)

²⁵³ 当心: dāng xīn 조심하다. 주의하다

²⁵⁴ 啐: cuì (침이나 가래를 뱉으며) 쳇. 호되게 꾸짖다

²⁵⁵ 正人君子: zhèng rén jūn zǐ 정인군자. (위선자를 풍자하는 말)

²⁵⁶ 千万: qiān wàn 부디. 제발

²⁵⁷ 嘴硬: zuǐ yìng 억지로 우기다

²⁵⁸ 没用: méi yòng 소용 없다

²⁵⁹ 滚远点儿: gǔn yuǎn diǎnr 멀리 꺼져버려

²⁶⁰ 愣住: lèng zhù 넋이 나가다. 어안이벙벙해지다

²⁶¹ 没顾上: méi gù shàng 돌보지 않았다. 고려하지 않았다.

²⁶² 语病: yǔ bìng 어폐. (말을 더듬는 병)

²⁶³ 托盘: tuō pán 쟁반

²⁶⁴ 果盘: guǒ pán 과일을 담는 쟁반

²⁶⁵ 炸薯条: zhá shǔ tiáo 감자튀김

²⁶⁶ 腰果: yāo guǒ 캐슈(cashew)의 열매. 캐슈 너트(cashew nut)

²⁶⁷ 杏仁儿: xìng rénr 살구씨의 껍데기 속 알맹이

²⁶⁸ 临近: lín jìn 근접하다. 가까워지다

²⁶⁹ 午夜: wǔ yè 한밤중. 오밤중

²⁷⁰ 颇: pō 꽤. 상당히

²⁷¹ 引人瞩目: yǐn rén zhǔ mù 사람이나 사물이 특별해서 흡인력이 있다

²⁷² 染发: rǎn fà 머리를 염색하다

²⁷³ 吊带衫: diào dài shān 탱크탑

²⁷⁴ 沓拉: dá lā 질질 끌다

²⁷⁵ 拖: tuō 끌다

²⁷⁶ 相形之下: xiāng xíng zhī xià 비교해 보면

但很快，她会变得和她们一样。安次看着赵莲想。傍[279]在男人身边，染发，穿吊带衫，抽烟，眼神儿[280]变得迷蒙[281]。

"那个想包[282]你的男人是谁啊？我认识吗？"

"你干嘛[283]问这个？"赵莲的神情[284]一下子变得不自然了。

"反正闲着也是闲着。下次我去吃饭要是碰上了，你告诉我一声。"

"我可不想再见他。"赵莲断然[285]拒绝[286]。

"你不想见他，他可能想见你呢。"

"想见我也没用，我会当他是透明[287]的人。"

"……你整天站在门口，很多男人追[288]你吧？"

"多少算很多？"

"一百个？"

"哪有？"赵莲笑了。"我才来了一个多月。"

喝完咖啡安次把赵莲送回员工[289]宿舍。以后的几天也是一样。他偶尔和她开开略[290]嫌[291]过火[292]的玩笑，但连手指尖儿也没碰过她一下。他带她去过一次酒吧，刚走进去就后悔了。里面吵得要命[293]，赵莲跟他说话时，嘴唇都快要贴到他的耳朵上面了，他很快招来侍应[294]买单，带她离开了。在酒店中午和下午之间的休息时间，他带赵莲出去逛过几次街[295]，给她买了一些衣服鞋子，还送了她一个手机。他们买完手机从商场的扶梯[296]上下来时，赵莲挽住[297]了他的手臂[298]。商场里冷气[299]开

---

[277] 拘谨: jū jǐn 부자연스럽다. 어색하다
[278] 古典: gǔ diǎn 고전적
[279] 傍: bàng 가까이 가다. 기대다
[280] 眼神儿: yǎn shénr 눈빛
[281] 迷蒙: mí méng 멍하다
[282] 包: bāo 전적으로 책임을 지다. 혼자 도맡다
[283] 干嘛: gàn má 어째서. 왜
[284] 神情: shén qíng 표정. 안색
[285] 断然: duàn rán 단연코. 절대로
[286] 拒绝: jù jué 거절하다. 거부하다
[287] 透明: tòu míng 투명하다
[288] 追: zhuī (이성을) 따라다니다. 구애하다
[289] 员工: yuán gōng 종업원
[290] 略: lüè 약간. 좀
[291] 嫌: xián 싫어하다. 꺼리다
[292] 过火: guò huǒ 너무 지나치다. 도를 넘다
[293] 要命: yào mìng 심하다. 죽을 지경이다
[294] 侍应: shì yìng 웨이터
[295] 逛街: guàng jiē 길거리를 한가로이 거닐며 구경하다. 쇼핑하다
[296] 扶梯: fú tī 계단. 승강대
[297] 挽住: wǎn zhù 팔짱을 끼다
[298] 手臂: shǒu bì 팔뚝
[299] 冷气: lěng qì 에어컨

得很足，她的胳膊[300]又滑又凉[301]，他假装没注意到这个细节[302]，用另一只手从兜[303]里掏出[304]电话来放到耳边，"哪位？"

　　是安首的电话。安次通完话，看了赵莲一眼，"今天晚上我哥在你们那儿请客。"

　　赵莲的胳膊紧[305]了一下，

　　"……我还有点儿别的事儿，看情况吧。"

　　"你把别的事情推掉[306]嘛。"

　　安次没往赵莲脸上看，在心里玩味[307]着她撒娇[308]的语调[309]，有点儿好笑[310]地想：她现在是不是以为她是我的什么人呢？

　　安次在家煮面[311]时，赵莲给他打电话问他在哪儿？他说在外面陪客户[312]呢。赵莲的声音有些委屈[313]，"你哥带人来了，让我在包房里侍候[314]。"

　　"可能是你上次表现得太好了，他才跟你们老板特别要求的。"

　　"……我可是看在你的面子[315]上才去的哦。"赵莲把电话挂[316]了。

6、

　　安次吃完面，第二个影碟看到一半时，又接到赵莲的电话，"你赶快过来，快点儿。"

　　电话挂断了，安次犹豫了一下，他不想让赵莲养成随便撒娇的习惯[317]，把电话放到一边，接着看影碟。

　　差不多过了一刻钟，赵莲又打电话过来，声音里带着哭腔[318]。"你怎么还不过来啊？你快点儿过来啊。立刻就过来。"

　　安次关了影碟机，出门开车直奔[319]"洞天府"。

　　"赵莲在哪儿？"他问门口的迎宾小姐。

---

[300] 胳膊: gēbo 팔
[301] 又滑又凉: yòu huá yòu liáng 매끄러우면서도 차갑다
[302] 细节: xì jié 자세한 사정. 세부(사항)
[303] 兜 dōu: 호주머니. 주머니
[304] 掏出: tāo chū 끄집어 내다. 꺼내다
[305] 紧: jǐn 꼭 잡아당기다
[306] 推掉: tuī diào 연기해 버리다. 미루어 버리다
[307] 玩味: wán wèi 깊이 새겨보다(음미하다)
[308] 撒娇: sā jiāo 애교를 떨다. 어리광부리다
[309] 语调: yǔ diào 어조. 목소리
[310] 好笑: hǎo xiào 우습다. 웃긴다
[311] 煮面: zhǔ miàn 국수를 삶다
[312] 陪客户: péi kè hù 손님을 접대하다
[313] 委屈: wěi qu 억울하다. 불평하다
[314] 侍候: shì hòu 시중들다
[315] 看在…面子: kàn zài…miàn zi ~의 체면을 봐서. ~의 얼굴을 봐서
[316] 挂: guà (전화를) 끊다
[317] 养成…习惯: yǎng chéng…xí guàn 습관을 기르다
[318] 哭腔: kū qiāng (말할 때의) 흐느끼는 소리. 울음기가 배인 목소리
[319] 直奔: zhí bèn 곧장 달려가다

"紫竹。二楼。"

安次上了二楼，一路看着包房门上的门牌[320]，"红蕾"、"碧丝"、"墨菊"，一直走到最里面，才发现"紫竹"两个字。他敲了敲门，里面没人应[321]。他侧耳[322]听了听，里面明明有声音，他又敲了敲门。

有人 朝门口走过来，一下子把门打开。

"……你怎么来了？"安首喝了不少酒，酒气[323]扑面而来[324]。

"客人……走了？"安次往包房里面看了一眼。

"啊……今天散得早。"安首笑笑，回头看看赵莲，"我正跟美女说别的事儿呢。"

"你怎么才来？"赵莲出现在安首身后，哭得脸像刚洗过似的。

安次觉得有个无形[325]的拳头[326]狠打[327]了一下自己心口[328]。

安首的脸色也变得难看了。

安次清了清嗓子[329]，"哥……"

"她刚才的电话是打给你的？"安首冷冷地问。

"我不知道是你……"

安首从兜里摸出[330]烟来，弹出[331]一根，用嘴叼住[332]。安次摸出打火机[333]给他点着[334]。

"现在你知道了。"安首吐了口烟，说道。

安次看了赵莲一眼，转身想走。

"我下午本来要告诉你的，但是……我以为你晚上能和他们一起来吃饭呢。"赵莲哭哭啼啼[335]地拉住安次的手臂。

安次回过头[336]，盯[337]着从安首嘴里吐出来的烟雾[338]，他觉得自己的话也像烟雾一样，轻飘飘[339]地朝安首游荡[340]过去，"哥，今天的事儿，就算了[341]吧。"

---

[320] 门牌: mén pái 문패
[321] 应: yìng 대답하다. 응답하다
[322] 侧耳: cè ěr 귀를 기울여 듣다
[323] 酒气: jiǔ qì 술기운. 취기
[324] 扑面而来: pū miàn ér lái 얼굴에 확 올라오다. 얼굴에 확 스쳐오다
[325] 无形: wú xíng 무형의. 보이지 않는
[326] 拳头: quán tóu 주먹
[327] 狠打: hěn dǎ 매섭게(호되게) 때리다
[328] 心口: xīn kǒu 명치
[329] 清嗓子: qīng sǎng zi 목청을 가다듬다
[330] 摸出: mō chū 꺼내다
[331] 弹出: tán chū (손가락으로) 가볍게 털다. 튕기다
[332] 叼住: diāo zhù (물체의 일부분을) 입에 물다
[333] 打火机: dǎ huǒ jī 라이터
[334] 点着: diǎn zháo 불을 붙이다
[335] 哭哭啼啼: kū ku tí tí 하염없이 훌쩍이며 우는 모양
[336] 回过头: huí guò tóu 고개(머리)를 돌리다
[337] 盯: dīng 시선을 한 곳에 집중하다. 응시하다
[338] 烟雾: yān wù 담배 연기
[339] 轻飘飘: qīng piāo piāo 가벼운(하늘거리는) 모양. (마음·동작 등이) 경쾌한 모양

安首没说话。

　　"哥……"

　　"什么算不算了的，压根儿[342]就没什么事儿。"安首笑了，看着赵莲，"看不出你还挺[343]有手段[344]的，居然[345]把我弟弟搬来了。"

7、

　　安次和赵莲谁也不说话，听着走廊[346]里安首的脚步声由重到轻[347]，直至[348]消失。

　　"有好几次我都想跟你说的，可是……"赵莲看着安次的脸色，小心翼翼[349]地开口[350]。"我不知道应该怎么跟你说。"

　　安次拿出烟来，点上。

　　"看不出你还挺有本事[351]的，"安次冲[352]赵莲笑笑，"一般的女人很难让我哥看得上眼[353]的，追他的女孩子可多了。"

　　赵莲没搭腔[354]。

　　"他说话可是算数[355]的，答应了人什么，一定能做得到。"

　　"我不稀罕[356]。"赵莲轻声说。

　　"你稀罕什么？"安次吐了口烟，笑笑，"你稀罕天上的月亮，那也得摘[357]得下来呀。"

　　"我没说我想要月亮。"

　　"那你想要什么？"

　　"……你带我出去转转[358]吧。"赵莲说，"随便去哪儿都行[359]。"

---

340 游荡: yóu dàng 한가로이 노닐다. 자유롭게 유람하다
341 算了: suàn le 그만두다. 내버려 두다
342 压根儿: yà gēnr 본래. 원래부터
343 挺: tǐng 꽤. 매우. 상당히
344 手段: shǒu duàn 수단. 방법
345 居然: jū rán 뜻밖에. 생각 밖으로
346 走廊: zǒu láng 복도
347 由重到轻: yóu zhòng dào qīng 무거운 대로부터 가벼운 대로
348 直至: zhí zhì 쭉 ~에 이르다
349 小心翼翼: xiǎo xīn yì yì 조심하고 신중하여 추호도 소홀함이 없다. 매우
　　조심스럽다
350 开口: kāi kǒu 말을 하다
351 有本事: yǒu běn shi 능력이 있다
352 冲: chòng ~쪽으로. ~을 향해서
353 看得上眼: kàn de shàng yǎn 눈에 차다. 마음에 들다
354 搭腔: dā qiāng 맞장구 치다. 동의하다
355 算数: suàn shù 한 말을 책임지다. 말 한대로 하다
356 稀罕: xī han 중요시하다. 소중하게 여기다
357 摘: zhāi 따다
358 转转: zhuàn zhuàn 구경하다
359 行: xíng 좋다. ~해도 좋다

安次先下了楼，在车里抽了两根烟赵莲才出来。她换上了白天刚买的衣服，绾[360]得紧紧的发髻也打开了，用皮筋[361]在脑后扎[362]了一个马尾[363]，整个人活泼了很多。"洞天府"的老板开车从外面回来，下车时，吃惊[364]地打量[365]了他们一眼。

安次冲他摆摆手[366]，开车离开。

赵莲拿出一张 CD 放进 CD 机里，一个男人唱歌时仿佛被人攥住[367]了脖子，绝望[368]地哼哼[369]着：我闭上眼睛就是天黑……

"好听吧？"

"哪弄来的黄色歌曲？"

"什么黄色歌曲？这才不是黄色[370]歌曲呢。"

"天黑了，眼睛也闭上了，还不黄色？"

"你真讨厌。"赵莲叫了一声，在安次脸上轻轻地打了一下。

"你打我？"安次横了赵莲一眼[371]。

"……谁让你先骂人的。"赵莲意识[372]到自己有点儿过分[373]，收回[374]手时解释了一句。

"打得好，"安次在前面的十字路口转了个弯[375]。"打是亲，骂是爱[376]。"

"我们去哪里？"赵莲看了看方向。

"你不是说随便去哪里吗？"

"随便去哪里也有个地方吧？"

"郊区的小树林。"

"我跟你说正经[377]的呢。"

"我是正经回答你啊。"安次笑。

"懒[378]得理[379]你。"赵莲扭头看着窗外。

---

[360] 绾：wǎn 똘똘 말아 묶다
[361] 皮筋：pí jīn 고무줄. 고무밴드
[362] 扎：zā 묶다
[363] 马尾：mǎ wěi 말총머리. (뒤로 하나로 묶은 머리)
[364] 吃惊：chī jīng (깜짝) 놀라다
[365] 打量：dǎ liang 훑어보다. 가늠하다
[366] 摆摆手：bǎi bǎi shǒu 손을 흔들다
[367] 攥住：zuàn zhù 움켜잡다
[368] 绝望：jué wàng 절망하다
[369] 哼哼：hēng heng (아파서) 끙끙거리다. 신음하다
[370] 黄色：huáng sè 음란한. 외설적인. (빨간딱지)
[371] 横一眼：héng yī yǎn 눈을 흘기다
[372] 意识：yì shí 깨닫다. 의식하다
[373] 过分：guò fēn 지나치다
[374] 收回：shōu huí 철회하다. 취하하다
[375] 转弯：zhuǎn wān 모퉁이를 돌다
[376] 打是亲，骂是爱：dǎ shì qīn, mà shì ài 때리는 것도 꾸짖는 것도 모두
  사랑하기 때문이다. 귀한 자식 매 한 대 더 때리다
[377] 正经：zhèng jing 진지하다
[378] 懒：lǎn 게으르다. ~하기 귀찮다

安次把车停在"圣湖"酒店的门口。

"这是树林？"赵莲笑着问。

"是啊。"

"这是你家的树林？"

"是啊，你觉得我家的树林好不好看？"

赵莲笑得连气都喘[380]不过来了。安次熄了火[381]，很耐心[382]地等着她笑完。

8、

安次去吧台拿房卡[383]，回头打量着坐在沙发上等他的赵莲。她胸前交叉[384]着双臂，眼睛盯着从酒店门口进进出出[385]的客人，有些茫然若失[386]。安次过去拍了她一下，她站起来时，他自然而然[387]地牵住[388]了她的手。她很顺从[389]地跟着他，朝电梯[390]走过去。

电梯里没有别的人，他们的手还那么牵着，但一句话也没有。赵莲盯着安次身后的镜子，安次抬头看着电梯门上面闪光[391]的号码，1、2、3、4、5、6、7、8、9。电梯"叮"地一声，停了下来，电梯门像嘴那样张开[392]，他们走出去，向右转弯，在"0919"门口停下，他把房卡插进[393]电子锁[394]，绿灯亮了，他扭动[395]把手[396]，把门打开。

安次拉着赵莲在黑暗[397]的房间里站了一会儿，房间里的家俱[398]影影绰绰[399]的，远不如[400]他脑子里的思路[401]清晰[402]。

赵莲气也不出一声[403]，乖乖[404]地站在他身边。

---

[379] 理: lǐ 상대하다
[380] 喘气: chuǎn qì 헐떡거리다. 숨차다
[381] 熄火: xī huǒ 불을 끄다
[382] 耐心: nài xīn 참을성이 있다. 인내심이 강하다
[383] 房卡: fang kǎ 방 카드
[384] 交叉: jiāo chā (X 자로) 교차시키다
[385] 进进出出: jìn jin chū chū 끊임없이 들락날락하다
[386] 茫然若失: máng rán ruò shī 마치 뭔가를 잃어버린 듯이 망연한 모양
[387] 自然而然: zì rán ér rán 자연히. 저절로
[388] 牵住: qiān zhù 잡아당기다
[389] 顺从: shun cóng 순종하다. 순순히 따르다
[390] 电梯: diàn tī 엘리베이터
[391] 闪光: shǎn guāng 반짝이다
[392] 张开: zhāng kāi 열리다
[393] 插进: chā jìn 끼워 맞추다
[394] 锁: suǒ 자물쇠
[395] 扭动: niǔ dòng 비틀어 돌리다
[396] 把手: bǎ shou 손잡이
[397] 黑暗: hēi àn 어둡다. 캄캄하다
[398] 家俱: jiā jù 가구
[399] 影影绰绰: yǐng yǐng chuò chuò 희미한 모양. 어렴풋한 모양
[400] 远不如: yuǎn bù rú ~보다 훨씬 못하다
[401] 思路: sī lù 사고의 방향. 생각의 갈피
[402] 清晰: qīng xī 또렷하다. 분명하다
[403] 气也不出一声: qì yě bù chū yī shēng 숨소리도 내지 않는다
[404] 乖乖: guāi guāi 얌전하다

他在她的嘴唇[405]上亲[406]了一下，手从她的头发后面伸过去，把房卡插上，接通[407]了电源[408]。他把浴室的灯最先打开。

"想不想洗澡？浴室这么漂亮，不洗浪费[409]了。"

一直紧绷[410]着脸的赵莲"噗哧[411]"一声笑了，"你怎么老劝[412]人家[413]洗澡，浴室是你家的？"

"是我设计[414]的。"

9、

赵莲是第一次。安次中间停了下来，在她额头[415]上摸了一把，手心[416]里全是冷汗[417]。他有些犹豫不决[418]，但赵莲把他又拉回到她身上。

完事儿后他们一起去浴室冲[419]淋浴[420]。

"你从什么时候起打我主意[421]的？"赵莲问。

"……你猜猜[422]。"

"从第一次见面就开始了。"

"为什么？"

"那天晚上你给我背诗[423]，说，决不[424]交出[425]现在，决不交出你。"

安次笑了，他把花洒[426]举[427]起来，让水花直接朝他的脸孔[428]上溅落[429]。恍惚[430]间，他觉得自己不是站在酒店的浴室里面，而是站在意大利[431]的夏日阳光下。

---

[405] 嘴唇: zuǐ chún 입술
[406] 亲: qīn 입맞추다
[407] 接通: jiē tōng 연결되다
[408] 电源: diàn yuán 전원
[409] 浪费: làng fèi 낭비하다
[410] 紧绷: jǐn bēng 찡그리다
[411] 噗哧: pū chī 키득 키득. (웃음소리)
[412] 老劝: lǎo quàn 항상 권하다
[413] 人家: rén jiā 남. 타인
[414] 设计: shè jì 설계하다. 디자인하다
[415] 额头: é tóu 이마
[416] 手心: shǒu xīn 손바닥
[417] 冷汗: lěng hàn 식은 땀
[418] 犹豫不决: yóu yù bù jué 결단을 내리지 못하고 망설이다. 머뭇거리다
[419] 冲: chōng 씻어 내다
[420] 淋浴: lín yù 샤워하다
[421] 打…主意: dǎ…zhǔ yi ~하려고 하다
[422] 猜猜: cāi cai 맞추다. 추측하다
[423] 背诗: bèi shī 시를 암송하다
[424] 决不: jué bù 절대 ~하지 않는다
[425] 交出: jiāo chū 넘겨주다
[426] 花洒: huā sǎ 샤워기
[427] 举: jǔ 들다
[428] 脸孔: liǎn kǒng 얼굴
[429] 溅落: jiàn luò 뿌리다
[430] 恍惚: huǎng hū (기억·청각·시각 따위가)어렴풋하다. 희미하다
[431] 意大利: Yì dà lì 이탈리아

那天夜里和赵莲在“洞天府”喝茶聊天，安次最想讲的，其实不是北岛的那首诗。而是读那首诗给他听的女同学。几年前，安次去欧洲[432]旅行，在佛罗伦萨[433]的市政府[434]广场，她的面庞[435]在成堆[436]的游客中间一闪即逝[437]。安次撒腿[438]朝她追过去，也不理身后的导游[439]有些惊惶失措[440]地喊他的名字。他跑过热闹的卡鲁茨伊奥里大街，在大教堂[441]前抓住了她的胳膊，几只鸽子[442]从他身边扑楞楞[443]地飞起，不知是不是被他叫她的名字的声音给吓着[444]了。

她朝他转过脸来，不是他的女同学。是一个陌生[445]人。他甚至弄不清[446]她是来自大陆[447]、香港[448]，还是韩国，日本？或者台湾[449]、新加坡[450]？

“你敢说你的诗不是故意[451]读给我听的吗？”赵莲一直望着他，追问[452]。

“……你不懂诗。”安次说。

赵莲不高兴地噘起了嘴[453]，“就你懂？”

安次把花洒举起来对着她的脸，她躲进他的怀里，紧紧地抱住他。

臂弯[454]里的身体实实在在[455]，但安次的心却空落落[456]的，就像那天在佛罗伦萨，他一边抱歉[457]一边放开那个女孩子的胳膊，扭头[458]沿着卡鲁茨伊奥里大街往回走，到处[459]是艺术品，到处是游人，到处是鸽子。

安次轻轻把赵莲从怀里推开[460]，转过身，把花洒插到卡座[461]里。

2004 年《收获》1 期

---

432 欧洲: ōu zhōu 유럽
433 佛罗伦萨: fó luó lún sà 피렌체(이탈리아 중부에 있는 도시)
434 政府: zhèng fǔ 정부
435 面庞: miàn páng 얼굴 생김새. 얼굴
436 成堆: chéng duī 산더미. 무더기
437 一闪即逝: yī shǎn jí shì 잠깐 스쳐 지나가다
438 撒腿: sā tuǐ 후다닥 뛰어가다. 쏜살같이 달리다
439 导游: dǎo yóu 안내하다
440 惊惶失措: jīng huáng shī cuò 놀라 허둥대며 어쩔 줄을 모르다
441 教堂: jiào táng 성당
442 鸽子: gē zi 비둘기
443 扑楞楞: pū lèng lèng 푸드덕(새가 날갯짓하는 소리)
444 吓着: xià zháo 놀라다. 놀라게 하다
445 陌生: mò shēng 낯설다
446 弄不清: nòng bù qīng 분명히 하지 못하다. 알 수가 없다
447 大陆: dà lù 중국 대륙
448 香港: Xiāng gǎng 홍콩
449 台湾: Tái wān 대만
450 新加坡: Xīn jiā pō 싱가포르
451 故意: gù yì 고의로. 일부러
452 追问: zhuī wèn 추궁하다. 꼬치꼬치 캐묻다
453 噘嘴: juē zuǐ (화가 나거나 기분이 나쁠 때) 입을 삐죽 내밀다
454 臂弯: bì wān 팔오금 (팔꿈치를 오그린 안쪽)
455 实实在在: shí shi zài zài 확실하다. 정말. 참으로
456 空落落: kōng luò luò 텅 비어 쓸쓸하다
457 抱歉: bào qiàn 미안하게 생각하다. 미안해하다
458 扭头: niǔ tóu 몸을 돌리다. 돌아서다
459 到处: dào chù 곳곳. 가는 곳
460 推开: tuī kāi 밀어 내다. 밀어젖히다
461 卡座: kǎ zuò 샤워기 고정대

匕 首 如 梦

吴玄

作者简介：

吴玄，男，1966 年 9 月出生，浙江省温州市人。现定居杭州，为文学杂志《西湖》副主编。

吴玄在 20 世纪 80 年代末开始小说创作，其处女作短篇小说《匕首如梦》，中篇小说《门外少年》写于 1989 年，但这些作品是在 2000 年后才发表的，并且获得了文坛的认可。

2000 年，吴玄从温州来到北京，先后在北京大学中文系和鲁迅文学院进修。随后在北京过着漂泊的小说家生活。其间发表的小说《西地》、《发廊》、《虚构的时代》、《谁的身体》、《像我一样没用》、《同居》等，在中国文坛均有广泛影响。其长篇小说《陌生人》在 2008 年 2 期的《收获》上发表后，立即被认为是中国后先锋文学的代表作，当时，北京大学和复旦大学相继发表了《陌生人》的评论专辑，中国的文学评论刊物诸如《小说评论》、《当代文坛》、《南方文坛》、《文艺争鸣》也分别发表了关于《陌生人》的评论专辑。中国的评论界认为，《陌生人》塑造了中国的一个新的文学形象——陌生人，吴玄是一位表现了后现代精髓的作家。

匕 首 如 梦

吴玄

    一直以**来**，我总是忌讳[462]说我是强**盗**[463]的**儿**子。这绝不是[464]文**学**上的夸张[465]，在我们的**国家**和历史，承认就意味着[466]自绝于[467]**国**民。现在想起**来**，其实不承认又有什么用呢，文化大革命那阵子[468]，**真够瞧**[469]的，险些**儿**[470]未给另一群名正言顺[471]的强**盗**一棍子打死。暧昧[472]的命**运**，**并**不比女人通奸[473]神秘[474]。那棍子干么[475]不把我的小命送掉[476]，只留下一道深刻的怒**气冲天**[477]的**疤痕**[478]，让我又活了那么多年。

    在人世间，我出生于那**个**叫戌城的郊**区**，除了十年劳改，未曾离开过那座木结**构**带阁**楼**[479]的住宅。**它**在柏树围成的绿栅栏[480]里边，在馒头**状**的坟墓[481]中央，那时候，城市还无力蚕食[482]这里的田野和**黄昏**，那时候这里不是房子连着房子，人撞着人，只有坟墓，啃骨头[483]的蚂蚁[484]，发情[485]的野狗，叫丧[486]的乌鸦[487]，晚风

---

[462] 忌讳: jì huì （말이나 행동을）금기하다. 꺼리다. 기피하다

[463] 强盗: qiáng dào 강도

[464] 绝不是: jué bú shì 절대 ~아니다

[465] 夸张: kuā zhāng 과장하다

[466] 意味着: yì wèi zhe 의미하다. ~를 의미하다

[467] 自绝于: zì jué yú 스스로 단절하다

[468] 那阵子: nà zhèn zi 그 때

[469] 瞧: qiáo 보다

[470] 险些儿: xiǎn xie'er 자칫하면

[471] 名正言顺: míng zhèng yán shùn 이름이 정당하여야만 이치도 잘 들어맞는다. 사리에 맞다. 명분이 정당하고 조리가 있다.

[472] 暧昧: ài mèi 어중간하다

[473] 通奸: tōng jiān 간통하다 (주로 한쪽이나 쌍방이 배우자가 있는 경우를 가리킴)

[474] 神秘: shén mì 신비하다

[475] 干么: gàn me 왜. 어째서

[476] 送掉: sòng diào 내주다. 보내버리다

[477] 怒气冲天: nù qì chōng tiān 분노의 불길이 하늘로 치솟다

[478] 疤痕: bā hén （몸의）흉터. 상처

[479] 阁楼: gé lóu 다락방

[480] 栅栏: zhà lán （대나무, 나무, 쇠막대 등으로 만든)울타리. 난간

[481] 坟墓: fén mù 무덤

[482] 蚕食: cán shí 잠식하다. 조금씩 침범해 들어가다

[483] 啃骨头: kěn gú tou 뼈에 붙은 살을 뜯어 먹다

中飘荡[488]的纸钱[489]，只有我的父亲。在**没有**山的平原上，这里是**盗**贼[490]最好的处所。我不知道父亲究竟抢劫[491]些什么。他留给我的遗产是房子、**蜘蛛网**[492]和一对祖传的三角形匕首[493]，一把挂在母亲的阁**楼**里，传说每逢长江涨潮[494]，锋刃[495]上便涌起白色或红色的波浪；另一把在我手里，**没**有任何奇**异**之处，不过是一把普普通通的匕首。

好几年**来**，我都**随**身带着，在这**个**人身安全**尚**未得到[496]保障的**国度**[497]，这是十分必要的，但更重要的是我藉以怀念[498]父亲，带着**它**，父亲就在我身上，我就有了依靠[499]。现在，这对匕首已**没收**[500]进公安部门的兵器室，但愿[501]我是这对匕首故事的最后一**个**结尾[502]。由于父亲的恶名[503]，我过了二十六岁，才娶[504]到一个麻脸[505]的讨饭婆[506]。**尽管如此**[507]，我**儿**子如今也十六岁了，**中学**毕业，长着一副牛的骨骼[508]，地道[509]的强**盗**[510]的后代。

我母亲的一生**会**跟我父亲罗虎的命**运**联结[511]在一起，实在有些传奇。那时候**她**叫日本人逮去[512]，正要强奸[513]，罗虎自天而降[514]，**两刀子捅死**[515]**两个**东洋狗[516]，

---

[484] 蚂蚁: mǎ yǐ 개미
[485] 发情: fā qíng 발정하다. 암내를 내다
[486] 叫丧: jiào sāng "喜鹊报喜, 乌鸦叫丧"에서 나온 말. 까치는 희소식을 알리고 까마귀는 슬픔을 부른다는 뜻
[487] 乌鸦: wū yā 까마귀
[488] 飘荡: piāo dàng 날아 흩어지다. 나부끼다
[489] 纸钱: zhǐ qián (제사 때 죽은 사람·귀신에게 태우는) 동전 모양의 지전(紙錢)
[490] 盗贼: dào zéi 도둑
[491] 抢劫: qiǎng jié 강탈하다. 빼앗다
[492] 蜘蛛网: zhī zhū wǎng 거미줄
[493] 匕首: bì shǒu 비수. 단검
[494] 涨潮: zhǎng cháo 밀물이 들어오다
[495] 锋刃: fēng rèn (칼, 검 등의) 끝. 날
[496] 尚未得到: shàng wèi dé dào 아직 ~을 받지 못하였다
[497] 国度: guó dù 나라. 국가
[498] 藉以怀念: jiè yǐ huái niàn ~으로써 ~을 추억(회상)하다
[499] 依靠: yī kào 지지자. 후원자(의지할 수 있는 사람)
[500] 没收: mò shōu 몰수하다
[501] 但愿: dàn yuàn 오로지(단지. 다만) ~을(를) 원하다(바라다. 바랄 뿐이다)
[502] 结尾: jié wěi 결말
[503] 恶名: è míng 악명
[504] 娶: qǔ 이내를 얻다. 징가들다
[505] 麻脸: má liǎn 곰보. 얽은 얼굴
[506] 讨饭婆: tǎ fàn pó 걸식하는 여자
[507] 尽管如此: jìn guǎn rú cǐ 비록 이렇지만
[508] 骨骼: gǔ gé 골격
[509] 地道: dì dao 오리지널의. 정통의
[510] 强盗: qiáng dào 강도
[511] 联结: lián jié 연결하다. 잇다. 묶다

母亲连道谢[517]都来不及，罗虎居然就强奸了**她**，其行为[518]之卑劣[519]比东洋狗更甚[520]。母亲说，原因是**她**漂亮得未免[521]太过**份**[522]。之后，母亲奇迹[523]般地爱上了罗虎，在**她看来**，罗虎是**个**打家劫舍[524]的好汉[525]，抗日的英雄，出生入死[526]，很有梁山好汉[527]之遗风[528]。据母亲统计[529]，单是[530]他那对三角形匕首就宰[531]了一百零七只东洋狗。旁人的说法，则无法判**断**[532]父亲的为人[533]了，这**从**提起[534]他时的**称呼**[535]可以看出：强**盗**，土匪[536]，窃贼[537]，江湖大**侠**[538]，绿林好汉[539]；更矛盾百出[540]的是居然[541]有人骂他胆小鬼[542]，因为他的怯懦[543]，我母亲白白[544]遭[545]了东洋狗的一顿蹂躏[546]。前几年，还有人臭骂[547]我是洋鬼子的恶作剧[548]——我确实长得有点像日本人，小胡子，小眼睛，一脸的色相。有关我父亲的结局，**当**地流传着许多故事。其中主要的几则

---

[512] 逮去：dǎi qù 잡아가다

[513] 强奸：qiáng jiān 강간하다

[514] 自天而降：zì tiān' ér jiàng 하늘에서 내려오다. (비유)갑자기 나타나다

[515] 捅死：tǒng sǐ 찔러죽이다

[516] 东洋狗：dōng yáng gǒu (비유)일본 침략자

[517] 道谢：dào xiè 감사의 말을 하다. 사의를 표하다

[518] 行为：xíng wéi 행위. 행동

[519] 卑劣：bēi liè 비열하다

[520] 更甚：gèng shèn (무엇보다)더 심하다

[521] 未免：wèi miǎn ~하다고(~이라고) 하지 않을 수 없다. 아무래도 ~이다

[522] 过份：guò fèn 과분하다

[523] 奇迹：qí jì 기적

[524] 打家劫舍：dǎ jiā jié shè 떼를 지어 남의 집을 덮쳐 재물을 약탈하다

[525] 好汉：hǎo hàn 호걸. 호한

[526] 出生入死：chū shēng rù sǐ 생명의 위험을 무릅쓰다. 생사를 넘나들다

[527] 梁山好汉：liáng shān hǎo hàn 양산 호걸. 소설 "수호지"에서 나오는 영웅들

[528] 遗风：yí fēng 유풍

[529] 统计：tǒng jì 통계하다

[530] 单是：dān shì 단지 ~하나만으로

[531] 宰：zǎi 도살하다. 죽이다. 잡다

[532] 无法判断：wǔ fǎ pàn duàn 판단할 수 없다

[533] 为人：wéi rén 인품. 인간성

[534] 提起：tí qǐ 말을 꺼내다. 언급하다

[535] 称呼：chēng hū 호칭

[536] 土匪：tǔ fěi 토적. 토비

[537] 窃贼：qiè zéi 도둑

[538] 江湖大侠：jiāng hú dà xiá 강호협객

[539] 绿林好汉：lù lín hǎo hàn 관청에 반항하는 무장 단체. 녹림 호걸

[540] 矛盾百出：máo dùn bǎi chū 온통 모순투성이이다

[541] 居然：jū rán 예상 외로. 생각 밖에로

[542] 胆小鬼：dǎn xiǎo guǐ 겁쟁이

[543] 怯懦：qiè ruò 겁이 많고 연약하다

[544] 白白：bái bái 공연히. 헛되이

[545] 遭：zāo 당하다

[546] 蹂躏：róu lìn 유린하다. 침해하다

[547] 臭骂：chòu mà 호되게 욕하다

[548] 恶作剧：è zuò jù 짓궂은 장난. 못된 짓

是：一说一九四三年的秋天，他第十二次深入狼穴[549]，被叛徒[550]出卖[551]，给炒了心肝下酒[552]，尸体则扔进长江，这算是厚遇[553]了，日本人崇拜[554]英雄；另说，抗战胜利后，他投靠[555]蒋秃子[556]，跟共产党作对[557]，在一次不是战斗的战斗中，让共产党毙[558]了。我觉得后一种说法[559]接近[560]事实的可能性多些，他死的时候，肯定未带匕首，要不那对匕首怎么可能落到[561]母亲手里，不过，也说不准[562]，谁能否定这对匕首是母亲失而复得[563]呢，照理[564]父亲是绝不会丢下匕首去送死[565]的。总之，我父亲的下场[566]不怎么好，在我有记忆之前，就让一颗子弹[567]或者刀子进入了胸膛[568]。我对于父亲的形象，都是后来母亲传授[569]的。

时光[570]流到一九八五年，我依旧住在父亲留下的带阁楼[571]的房子里，这种房子在当地大概独一无二[572]了，蛮[573]有文物的味道[574]，何况曾经住过一个大名鼎鼎[575]的江湖大侠。不过，周围不再是柏树[576]和坟墓，几家工厂雄踞[577]着，整日稀奇古怪[578]地吼叫[579]，犹如[580]脱了皮[581]的狮子。四十年如故[582]的感慨，我是无论如何[583]也发

---

[549] 狼穴：láng xué 이리 굴. (비유)위험한 장소
[550] 叛徒：pàn tú 반역자. 역적
[551] 出卖：chū mài 배반하다. 배신하다
[552] 下酒：xià jiǔ 안주를 곁들여 술을 마시다
[553] 厚遇：hòu yù 후한 대우. 후대
[554] 崇拜：chóng bài 숭배하다
[555] 投靠：tóu kào 남에게 의지하다
[556] 蒋秃子：jiǎng tū zi 장개석을 말함
[557] 跟…作对：gēn……zuò duì ~에게 맞서다. 적대하다
[558] 毙：bì 죽이다
[559] 说法：shuō fǎ 견해
[560] 接近：jiē jìn ~에 가깝다
[561] 落到：luò dào ~한테 넘어오다
[562] 说不准：shuō bù zhǔn 확실히 단언하기 어렵다
[563] 失而复得：shī ér fù dé 잃어버린 것을 다시 얻다
[564] 照理：zhào lǐ 이치에 따라. 이치대로 하여
[565] 送死：sòng sǐ 스스로 죽을 길을 택하다
[566] 下场：xià chǎng 결말. 끝장. 말로
[567] 子弹：zǐ dàn 탄두
[568] 胸膛：xiōng táng 가슴. 흉부
[569] 传授：chuán shòu 전수하다. 가르치다
[570] 时光：shí guāng 시간. 세월
[571] 阁楼：gé lóu 다락방
[572] 独一无二：dú yī wú èr 유일하다. 하나밖에 없다
[573] 蛮：mán 매우. 아주. 대단히
[574] 味道：wèi dào 느낌. 감
[575] 大名鼎鼎：dà míng dǐng dǐng 명성이 높다
[576] 柏树：bǎi shù 측백나무
[577] 雄踞：xióng jū 위풍이 늠름하게 자리잡고 있다
[578] 稀奇古怪：xī qí gǔ guài 기괴(괴상)하다. 매우 진기(신기)하다
[579] 吼叫：hǒu jiào 고함치다. 외치다
[580] 犹如：yóu rú 마치~와 같다

不出**来**[584]的。承蒙[585]**当局**[586]恩惠[587]，八〇年以后，我就是其中一家工**厂**里的车工，**身份**由强**盗**的儿子变为工人阶级的一分子。我母亲不用说已上了年纪[588]，又长又瘦，像鳗鱼干[589]，经常咳嗽。**从**不出门，倒不是怕风，街道上光怪陆离[590]的色彩使**她**胆颤心惊[591]，或许是联想[592]起父亲死时一塌糊涂[593]的脑髓[594]。还有点儿古怪，人老了自然免不了[595]有点**儿**古怪，**她**非常固执地不让人到**她**的阁**楼**里去，即便是**儿**子如我也不例外[596]。我想，父亲的死，经过四十年的抗拒[597]，终于使**她**脑瓜[598]混乱[599]了。**她**老是穿着白衣服。我们知道，**中国**的老人，一般不穿白衣服，除非追悼[600]死者。是的，母亲在追悼，**独个儿**[601]无声地追悼，**当然**还伴**随**[602]着咳嗽。

　　前几年，去**厂**里上几**个**小时班，纯**属**自愿[603]。我妻子在附近临街[604]开一家代销店[605]，所赚的钱[606]不比我少，四口子三代人[607]，日子懵懵懂懂[608]地一般[609]过。但是，到了八五年，**情况**就不同了，**厂**里突然像引进[610]丰田轿车[611]富士胶卷[612]，引进

---

[581] 脱了皮：tuō le pí 껍질을 벗어놓다
[582] 如故：rú gù 원래와 같다. 전과 같다
[583] 无论如何：wú lùn rú hé 어찌 되었든 간에
[584] 发不出来：fā bù chū lái 표현하지 못하다
[585] 承蒙：chéng méng (보살핌을)받다(입다)
[586] 当局：dāng jú 당국
[587] 恩惠：ēn huì 은혜
[588] 上了年纪：shàng le nián ji 나이가 들다
[589] 鳗鱼干：màn yú gān 장어 어포
[590] 光怪陆离：guāng guài lù lí (현상이나 형상이)기이하고 다채롭다
[591] 胆颤心惊：dǎn chàn xīn jīng 담이 떨리고 심장이 놀라다. 놀라고 겁이 나서 벌벌 떨다
[592] 联想：lián xiǎng 연상하다
[593] 一塌糊涂：yī tā hú tú 엉망진창이다. 뒤죽박죽이다
[594] 脑髓：nǎo suǐ 뇌수
[595] 免不了：miǎn bù liǎo 피할 수 없다
[596] 不例外：bù lì wài 예외가 아닌
[597] 抗拒：kàng jù 항거하다. 저항하다
[598] 脑瓜：nǎo guā 머리
[599] 混乱：hùn luàn 혼란하다. 어지럽다
[600] 追悼：zhuī dào 추모하다. 추도하다
[601] 独个儿：dú gè ér 혼자
[602] 伴随：bàn suí 따라가다. 함께 하다
[603] 纯属自愿：chún shǔ zì yuàn 순전히 스스로 원한 것이다
[604] 临街：lín jiē 길가에 붙어 있다
[605] 代销店：dài xiāo diàn 대리점
[606] 所赚的钱：suǒ zhuàn de qián 버는 돈
[607] 三代人：sān dài rén 부친. 자신. 자식 3 대
[608] 懵懵懂懂：méng méng dǒng dǒng 어리 벙벙히
[609] 一般：yī bān 보통이다. 일반적이다. 평범하다
[610] 引进：yǐn jìn 도입하다
[611] 丰田轿车：fēng tián jiào chē 도요타 자동차
[612] 富士胶卷：fù shì jiāo juǎn 후지필름

了厂长川石秀山先生。**从**宣传口**径**[613]讲[614]，这表明[615]人才交流一如[616]技术，已经进入世界性的范围，在三十年前甚至十年前，一个普通的工厂引进日本**厂**长，是不可想象[617]的。**从**愤世嫉俗[618]**者**角度讲[619]，经过三十多年的折腾[620]，中国人对中国人到底失去信心了，不是吗，**既**然月亮都外**国**的圆，**厂**长自然是外**国**的强，于是有人提出更大胆的设想[621]，干脆[622]总理也外国进口。我们**厂**的职工开始挺[623]解气[624]，甚至不无[625]得意[626]，似乎川石秀山先生**并非**[627]日本人，而是自己的父亲，起码[628]也是大哥。可是很快就经受不住[629]他的严厉[630]措施[631]，比如上班迟到几分钟扣奖金[632]几元。叫我们想象不到[633]的是，他连工作时间**内**小便[634]几次 都作了明确规定，多一次罚[635]五元。**尽**管生产效率[636]大大提高了，奖金也成倍[637]增长了，我们却**真**吃不消[638]，我们都懒散惯了[639]的，私下[640]里难免[641]恶**狠狠**地诅**咒**[642]：狗日的[643]，难道我们还未吃够东洋狗的苦头[644]！死在日本屠刀[645]下的祖先[646]，知道如有今日，**决不会瞑**

---

[613] 口径: kǒu jìng 행동 양식. 접근 방식
[614] 从…讲: cóng……jiǎng ~으로 말 하자면
[615] 表明: biǎo míng 표명하다. 분명하게 밝히다
[616] 一如: yī rú ~와 같다. 똑같다
[617] 不可想象: bù kě xiǎng xiàng 상상할 수 없다
[618] 愤世嫉俗: fèn shì jì sú 세상의 모든 불합리한 현상에 대하여 분개하고 증오하다
[619] 从…角度讲: cóng…jiǎo dù jiǎng ~각도(입장)에서 보면
[620] 折腾: zhē teng 들볶다
[621] 设想: shè xiǎng 가상. 상상
[622] 干脆: gān cuì 아예. 차라리
[623] 挺: tǐng 매우. 상당히
[624] 解气: jiě qì 분을 풀다. 화를 해소하다
[625] 不无: bù wú 없지 않다. 조금은 있다
[626] 得意: dé yì 득의하다. 대단히 만족하다
[627] 并非: bìng fēi 결코~하지 않다. 결코 ~이 아니다
[628] 起码: qǐ mǎ 최소한의
[629] 经受不住: jīng shòu bú zhù 견디지 못하다
[630] 严厉: yán lì 호되다. 엄격하다
[631] 措施: cuò shī 조치. 대책
[632] 扣奖金: kòu jiǎng jīn 상금을 공제하다
[633] 想象不到: xiǎng xiàng bú dào 의외의
[634] 小便: xiǎo biàn 소변
[635] 罚: fá 벌하다. 처벌하다
[636] 效率: xiào lǜ 능률
[637] 成倍: chéng bèi 배로
[638] 吃不消: chī bu xiāo 참을 수 없다. 견딜 수 없다
[639] 懒散惯了: lǎn sǎn guàn le 산만하게 하는 게 습관이 되나
[640] 私下: sī xià 비공개의. 스스로
[641] 难免: nán miǎn 피하기 어렵다
[642] 诅咒: zǔ zhòu 저주하다
[643] 狗日的: gǒu rì de (욕하는 말)개 같은 놈
[644] 吃够…苦头: chī gòu…kǔ tou 고생을 겪을대로 겪다. 괴로움을 실컷 당하다
[645] 屠刀: tú dāo 도살용 칼
[646] 祖先: zǔ xiān 조상

目[647]。一提起[648]历史，我们对川石秀山更加义愤填膺[649]，巴不得[650]人群里站出一位勇士[651]，冲进厂长办公室，当场[652]毙了他。唉，三十年河东，四十年河西[653]。我们精疲力竭[654]地总结[655]道，样子可能跟当年[656]集中营[657]里的难民[658]相像。

　　鉴于[659]川石秀山先生的功绩[660]，上面主管部门同意我们厂优先扩建[661]。这一着[662]，唯一遭殃[663]的是我——你知道，我房子就在厂部边上，必须拆迁[664]。那几天，我脑袋[665]里只有拆迁日期啦，经济补偿[666]啦等等别人塞给[667]我的无可奈何[668]的念头[669]，我极为苦恼[670]。我母亲则用极端[671]轻蔑[672]的咳嗽重复着：唉咳[673]，东洋狗怎么敢来毁掉[674]你父亲的家。她又反反复复讲起父亲在日本总部的事，有个日本特工[675]竟敢[676]侮骂[677]她丈夫是胆小鬼，我父亲知道后，找个机会一匕首就掏出[678]他的心

---

[647] 瞑目: míng mù 명목하다. 눈을 감다(주로 편안히 죽음을 가리킴)
[648] 提起: tí qǐ 언급하다
[649] 义愤填膺: yì fèn tián yīn 몹시 분노하다. 분노가 가슴 가득차다
[650] 巴不得: bā bu de 간절히 원하다
[651] 勇士: yǒng shì 용사
[652] 当场: dāng chǎng 당장. 그 자리에서
[653] 三十年河东，四十年河西: sān shí nián hé dōng, sì shí nián hé xī 세상사의 흥망성쇠가 변화무상하다
[654] 精疲力竭: jīng pí lì jié 기진맥진하다. 극도로 피곤하다
[655] 总结: zǒng jié 총괄하다
[656] 当年: dāng nián 그때
[657] 集中营: jí zhōng yíng (강제)수용소
[658] 难民: nàn mín 난민. 이재민
[659] 鉴于: jiàn yú ~의 점에서 보아. ~에 비추어 보아
[660] 功绩: gōng jì 공적. 공로
[661] 扩建: kuò jiàn 증축하다. 확대하다
[662] 一着: yī zhāo 이런 수단. 방법
[663] 遭殃: zāo yāng 재난을 입다. 불행을 당하다
[664] 拆迁: chāi qiān 집을 철거하고 이주하다
[665] 脑袋: nǎo dài 머리
[666] 补偿: bǔ cháng 보상하다
[667] 塞给: sāi gěi 건네다
[668] 无可奈何: wú kě nài hé 어찌 해 볼 도리가 없다. 대책을 강구해 볼 도리가 없다. 방법이 없다
[669] 念头: niàn tou 생각. 마음. 의사
[670] 苦恼: kǔ nǎo 몹시 괴롭다
[671] 极端: jí duān 아주. 매우
[672] 轻蔑: qīng miè 무시하다
[673] 唉咳: āi ké 애개
[674] 毁掉: huǐ diào 파멸시키다
[675] 特工: tè gōng 특수 임무
[676] 竟敢: jìng gǎn 감히 ~하다
[677] 侮骂: wǔ mà 욕설을 퍼붓다
[678] 掏出: tāo chū 꺼내다

肝，在总部**厨房**[679]**炒**[680]了下酒，然后把他的尸体**扔**进长江。我无法对这种**故事**进行**考证**[681]，要紧的是[682]，在目前的处境下，我愿意相信。

一如诗人离别故**园**，我感到无限的凄凉[683]，无限的悲哀[684]。我不敢想象，**当**我搬进四方形的白盒子以后，是否能回忆起住了半辈子[685]的老房子。我这**个强盗**的**儿子**藉以[686]**塑造**[687]强**盗**形象的外部环境，**从**此要变成工厂的一部分，恐怕父亲再也找不到家了。我和父亲冥冥[688]中的联系**将**要被彻底[689]**斩断**[690]，这使我轻松，又觉着茫然[691]。

这种情绪不知持续[692]了多长时间，也许就那么几天**吧**。记得中**学教**科书[693]里摘引[694]了一句德谟克利特[695]的名言：人不能踏进同一**条**河流。哲**学教**师进一步[696]诠释[697]说，我讲上句话时的**教**室不是讲下句话时的**教**室，今天的我不是明天的我不是昨天的我更不是去年的我，我时时在变化我像流水像风像一切时时变化着的任何东西在时时变化。我不大**懂**得这位**哲学**老头说的是什么意思。我无论何时都能一眼辨出[698]的老头竟然宣称[699]昨天的他不是今天的他，**当时我确乎**[700]十分[701]**恐惧**[702]。　同时，这句名言和他的解释也深深地铭刻[703]在心中。

---

[679] 厨房: chú fang 주방. 부엌

[680] 炒: chǎo 볶다

[681] 考证: kǎo zhèng 고증하다

[682] 要紧的是: yào jǐn de shì 중요한 것은

[683] 凄凉: qī láng 비침하다. 처량하다. 애처롭다

[684] 悲哀: bēi'āi 슬프고 애통하다. 비통하다

[685] 半辈子: bàn bèi zi 반평생

[686] 藉以: jiè yǐ 빌리다

[687] 塑造: sù zào (진흙 등으로) 빚어서 만들다. 조소하다. 묘사하다

[688] 冥冥: míng míng 회명하다. 어두컴컴하다

[689] 彻底: chè dǐ 철저히

[690] 斩断: zhǎn duàn 절단하다. 제거하다

[691] 茫然: máng rán 아무것도 모르거나 어쩔줄 몰라 하는 모양. 멍하다

[692] 持续: chí xù 지속하다

[693] 教科书: jiào kē shū 교과서

[694] 摘引: zhāi yǐn 발췌 인용하다

[695] 德谟克利特: dé mò kè lì tè 위대한 고대 그리스인. 유물 론 자. 철학 자. 물질 원자 이론의 창시자

[696] 进 步: jìn yī bù (한 걸음 너)나아가. 진일보하여

[697] 诠释: quán shì 해석(하다). 설명(하다)

[698] 一眼辨出: yī yǎn biàn chū 한눈에 분별하다

[699] 宣称: xuān chēng 표명하다. 성명하다

[700] 确乎: què hū 확실히. 정확히

[701] 十分: shí fēn 매우. 아주

[702] 恐惧: kǒng jù 두려워하다

[703] 铭刻: míng kè 깊이 새기다. 명심하다

那几夜，我做了许多**梦**，**梦**见我的父亲。我根本未见过他的**真**实面貌[704]，我借用了香港武打片[705]通用的强**盗**形象，肌肉暴涨[706]，头发蓬**乱**[707]，目光如电[708]，神出鬼没[709]，翻墙过壁[710]如履平地[711]，且有了不得[712]的轻功[713]。我们一起到日本总部去，在北京的长安街和我**厂**所在地黎明路跳跃[714]着，然而，长安街、黎明路也就是银幕[715]上的铁丝网[716]和舍利塔[717]。**梦中**，太阳和黑胡须[718]平铺[719]在天空。我父亲穿的是白长衫[720]，戴着白脸罩[721]，**与阳光一样**的颜色，只有脸**罩**后面的**两**只眼睛是黑的，他在荒野[722]里那座万人坑[723]的边沿[724]停住，**双**手叉在腰部[725]，呈现**两个三**角形，**并**不是防备[726]或准备袭击[727]什么，而是习惯的休息动作，他用深情[728]透顶[729]又后悔[730]透顶的**声**音对我说："对不起，我把**你**生下**来**，现在我要用自己的手结果掉[731]**你**。"说完做了一招[732]九阴白骨掌[733]的架式[734]，我就飘飘忽忽[735]地进了万人坑。**吓醒过来**[736]死死[737]抱得妻子出了一身冷汗[738]。

---

[704] 真实面貌: zhēn shí miàn mào 진실한 용모

[705] 武打片: wǔ dǎ piàn (영화나 TV 의) 무술 영화. 쿵푸 영화. 액션물

[706] 肌肉暴涨: jī ròu bào zhǎng 근육이 불끈불끈 튀어나오다

[707] 蓬乱: péng luàn (풀, 머리카락 등이) 헝클어지다

[708] 目光如电: mù guāng rú diàn 시선이 번개과 같다

[709] 神出鬼没: shén chū guǐ mò 신출귀몰하다. 동에 번쩍 서에 번쩍하다

[710] 翻墙过壁: fān qiáng guò bì 담벼락을 나는 듯이 넘나들다. 동작이 몹시 날쌔다

[711] 如履平地: rú lǚ píng dì 어떤 일을 하기가 매우 쉽다

[712] 了不得: liǎo bù dé 대단하다. 훌륭하다

[713] 轻功: qīng gōng 중국 무술 중 하나

[714] 跳跃: tiào yuè 도약하다. 뛰어오르다

[715] 银幕: yín mù 은막. 영화 믹

[716] 铁丝网: tiě sī wǎng 철망. 철조망

[717] 舍利塔: shě lì tǎ 사리탑

[718] 黑胡须: hēi hú xū 검은 수염

[719] 平铺: píng pū 동급으로 펼쳐져 있다

[720] 长衫: cháng shān 중국 남자들이 입는 긴 적삼 형태의 옷

[721] 脸罩: liǎn zhào 마스크

[722] 荒野: huāng yě 황량한 들판

[723] 万人坑: wàn rén kēng (적이나 통치자에 의해)대규모로 학살된 사람들이 파묻힌 커다란 구덩이

[724] 边沿: biān yán 가장자리. 테두리

[725] 叉在腰部: chā zài yāo bù 손을 양 허리에 대다

[726] 防备: fáng bèi 방비하다. 대비하다

[727] 袭击: xí jī 기습하다

[728] 深情: shēn qíng 정이 두텁다

[729] 透顶: tàu dǐng (~함이)극에 달하다. 짝이 없다. 그지없다

[730] 后悔: hòu huǐ 후회하다

[731] 结果掉: jié guǒ diào 죽여 버리다

[732] 一招: yī zhāo 한수

[733] 九阴白骨掌: jiǔ yīn bái gǔ zhǎng 중국 무공 중 하나

[734] 架式: jià shi (무술. 무용 등의)형. 동작

[735] 飘飘忽忽: piāo piao hū hū 가볍게 나부끼다

[736] 吓醒过来: xià xǐng guò lái 놀라서 잠을 깨다

　　也就在这几天，厂里年轻人记起我父亲罗虎，他们毫无例外[739]地忽略[740]了那些不好听的传闻[741]，诸如强**盗啦**，土匪[742]**啦**，窃贼**啦**，胆小鬼啦，我父亲一变而为**真正的民族英雄**，担负[743]起我们全部的**梦幻**[744]和怨恨[745]。一时间[746]，**厂里从**上到下[747]，一提起[748]罗虎，人人都像鬼魂附身[749]，飘飘然[750]愤愤然[751]。

　　"**啊**，罗虎若在，不给他一枪才怪[752]!"同车间的小张**狠狠**说。

　　我兴奋得豪气大发[753]，恍惚[754]已经不是强**盗**的**儿**子，而是强**盗**本人，我以不容[755]辩驳[756]的口吻[757]，向他们披露[758]一则[759]重大秘闻[760]：

　　"我就是江湖大**盗**罗虎的**儿**子。"

　　小张眨[761]出**挖苦**[762]的目光，过了半天，不屑道[763]：

　　"吹牛。"

---

[737] 死死: sǐ sǐ 단단히. 꼭

[738] 出了一身冷汗: chū le yī shēn lěng hàn 온몸에 식은땀이 쫙 나다

[739] 毫无例外: háo wú lì wài 거의 예외 없이

[740] 忽略: hū lüè 등한히 하다. 등한시하다

[741] 传闻: chuán wén 소문

[742] 土匪: tǔ fěi 토적. 토비

[743] 担负: dān fù (책임. 비용. 사업 등을)부담하다. 책임지다

[744] 梦幻: mèng huàn 꿈과 환상

[745] 怨恨: yuàn hèn 증오심. 적개심

[746] 一时间: yī shí jiān 일순간. 갑자기

[747] 从上到下: cóng shàng dào xià 전부. 전체

[748] 提起: tí qǐ 말을 꺼내다. 언급하다

[749] 鬼魂附身: guǐ hún fù shēn 귀신의 혼이 몸에 따라다니다

[750] 飘飘然: piāo piāo rán 공중에 떠다니는 듯하다

[751] 愤愤然: fèn fèn rán 화가 난 모양

[752] 不给…才怪: bù gěi…cái guài ~안하는게 그야말로 이상한 것이다

[753] 豪气大发: háo qì dà fā 영웅적 기세를 한 껏 발설하다

[754] 恍惚: huǎng hū 희미하다. 어렴풋하다

[755] 不容: bù róng 허락하지 않다

[756] 辩驳: biàn bō 변빅하다. 반박하다

[757] 口吻: kǒu wěn 말투. 어조

[758] 披露: pī lù 공표하다

[759] 一则: yī zé 한 항목

[760] 秘闻: mì wén 알려지지 않은 비밀

[761] 眨: zhǎ 눈을 깜박거리다

[762] 挖苦: wā kǔ 비웃다. 풍자하다

[763] 不屑道: bú xiè dào 경시하면서 말하다

　　我本来要将罗虎的故事一桩桩一件件[764]说给他们听，加以精确的考证[765]，不夹杂[766]丁点儿[767]虚构[768]的成分。不料[769]遭了冷水[770]，只好作罢[771]。过后，我似乎[772]明白了历史是怎么写成的。

　　就在我想说父亲的故事的当天晚上，我上厂里交涉[773]拆迁[774]事宜[775]，以便从对方捞[776]到更多的实惠[777]。我一句也不对母亲讲，因为她肯定要阻止[778]我干这种她认为有辱于[779]父亲名声[780]的事。刚进大门，便碰上[781]白天挖苦[782]过我的小张，他翻着色迷迷[783]的眼珠[784]，我差点[785]认为他把我当成春梦[786]初发[787]的少女，要不就是不可理喻[788]的同性恋[789]。

　　"老罗，晚上请你看录像[790]，全裸体[791]，让你瞧瞧[792]老外[793]们的那个玩艺[794]，开开洋荤[795]，算是[796]我中午对你的歉意[797]。"

---

[764] 一桩桩一件件: yī zhuāng zhuāng yī jiàn jiàn 일일이. 하나하나

[765] 考证: kǎo zhèng 고증하다

[766] 夹杂: jiā zá 혼합하다. 뒤섞다

[767] 丁点儿: dīng diǎn ér 극히 적은 양. 매우 작은 크기. 조금

[768] 虚构: xū gòu 허구. 꾸며 내다

[769] 不料: bù liào 뜻밖에. 의외에

[770] 遭冷水: zāo lěng shuǐ 찬물 끼얹다

[771] 只好作罢: zhǐ hǎo zuò bà 그만둘 수 밖에 없다

[772] 似乎: sì hū 마치(~인 것 같다)

[773] 交涉: jiāo shè 교섭하다. 협상하다

[774] 拆迁: chāi qiān 집을 철거하고 이주하다

[775] 事宜: shì yí (관련된)일. 사항. 사무

[776] 捞: lāo (부정한 수단으로)얻다. 취득하다. 챙기다

[777] 实惠: shí huì 실리. 실익

[778] 阻止: zǔ zhǐ 저지하다

[779] 有辱于: yǒu rǔ yú ~에 치욕을 주다

[780] 名声: míng shēng 명성

[781] 碰上: pèng shàng 만나다

[782] 挖苦: wā kǔ 비꼬다. 빈정대다

[783] 色迷迷: sè mī mī 음흉스럽다

[784] 眼珠: yǎn zhū 안구. 눈동자

[785] 差点: chà diǎn ~할 뻔하다. 하마터면

[786] 春梦 chūn mèng 이성과 성적관계 갖는 꿈

[787] 初发: chū fā 막 싹이 트기 시작하다

[788] 不可理喻: bù kě lǐ yù 이치로 이해시킬 수 없다. 어리석어서 제멋대로이다

[789] 同性恋: tóng xìng liàn 동성애

[790] 录像: lù xiàng 녹화 영상

[791] 裸体: luǒ tǐ 알몸. 누드. 나체

[792] 瞧瞧: qiáo qiao 보다

[793] 老外: lǎo wài 외국인

[794] 那个玩艺: nà ge wán yì 그러한 짓. 그러한 물건

[795] 开开洋荤: kāi kāi yáng hūn 여기서는 아가씨를 찾는다는 의미. 처음으로 외국(외지) 사물을 접하다. 처음으로 새로운 물건을 써 보다 (해학적인 의미를 내포함)

　　若不是小张的邀请[798]，后**来**他们想象出**来**的罪**状**[799]就毫无根据[800]。**看来**，这一切全是命**运**他妈的[801]恶嘲[802]。不瞒[803]**你**说，我倒是[804]很乐意[805]看看那种录像的，这大**概**是强**盗**后代的劣根性[806]。我一直看到凌晨[807]二点，狼吞虎咽[808]了一顿狂女[809]的美色，不亦乐乎[810]地出**来**，才发觉[811]我这辈子[812]完全白活[813]。稀里糊涂[814]地脑瓜[815]朝大门的铁皮一撞，兀地[816]记起我晚上上**厂**部的**真**正原因。又折回头[817]**径**自走到川石秀山先生卧房[818]的门口，用左手在门上按了**两**按，正欲[819]敲门，又兀地发现时间过了二点，川石秀山早睡了，便悻悻[820]离去。可以确证，当时我被狂女弄得很邪乎[821]了，根本未看见月亮已经西斜[822]，我的时间依**旧**停在进**厂**的那一刻。其实，**拆迁**事宜，无需找川石秀山本人，这些事由**拆迁**小组全权[823]负责。我当时**真**太邪乎了，活该[824]。

　　第二日，我醒**来**的时候，时钟的指针已在九点差一刻的位置上，我恼怒[825]妻子为什么不按时[826]叫醒[827]我，也许是昨夜我把**她耍**[828]得够呛[829]，这种一反常态[830]的

---

[796] 算是: suàn shì ~인 셈이다. ~으로 치다
[797] 歉意: qiàn yì 미안한 마음
[798] 邀请: yāo qǐng 초대하다. 초청하다
[799] 罪状: zuì zhuàng 죄상
[800] 毫无根据: háo wú gēn jù 조금도 근거가 없다
[801] 他妈的: tā mā de 제기랄
[802] 恶嘲: è cháo 악의적으로 비웃다
[803] 不瞒: bù mán 숨기지 않다
[804] 倒是: dào shi 오히려. 도리어
[805] 乐意: lè yì ~하기를 원하다
[806] 劣根性: liè gēn xìng 나쁜 습성
[807] 凌晨: líng chén 새벽녘. 이른 아침
[808] 狼吞虎咽: láng tūn hǔ yàn 게걸스럽게 먹다. 마파람에 게눈 감추듯 하다
[809] 狂女: kuáng nǚ 개방적인 여자
[810] 不亦乐乎: bù yì lè hū 어찌 기쁘지 아니하겠는가? 절정에 이르다
[811] 发觉: fā jué 발견하다. 알아차리다
[812] 这辈子: zhè bèi zi 이 한평생. 현생
[813] 白活: bái huó 헛된 삶을 살다
[814] 稀里糊涂: xī lǐ hú tú 소홀하다. 데면데면하고 허술하다
[815] 脑瓜: nǎo guā 머리
[816] 兀地: wù de 어째. 어떻게
[817] 折回头: zhé huí tóu 되 돌리다
[818] 卧房: wò fáng 침실. 와실
[819] 正欲: zhèng yù 마침 ~하려고 하다
[820] 悻悻: xìng xìng 화를 내며 씩씩거리는 모양
[821] 邪乎: xié hu 이상하다. 괴상하다
[822] 西斜: xī xié 서쪽으로 기울다
[823] 全权: quán quán 전권. 전부 책임지고 관리하다
[824] 活该: huó gāi ~한 것은 당연하다. ~해도 싸다
[825] 恼怒: nǎo nù 화내다. 노하다
[826] 按时: àn shí 제때에. 시간에 맞추어
[827] 叫醒: jiào xǐng 깨우다. 일깨우다

行为引起了**她**的猜疑[831]，所以不理我[832]。我干脆[833]破罐子破摔[834]，重新**躺**下去意淫[835]了半小时狂女，然后心满意足[836]地热了点稀饭[837]下肚[838]，才慢吞吞[839]地上厂部等罚。

　　我看见工厂门前有警察看守[840]着，透过[841]大门里面有一大群人，不经意[842]地围成几**个**三角形，好像是有意[843]这么排列[844]。我心想：坏事了[845]。我犹豫[846]着是不是先逃跑[847]为上[848]，待到瞥见[849]小张也在人群里安全地站着，一块石头方才落地[850]，迈开大步[851]，放心地进去。人群里，有一个着西装[852]的科级干部[853]，**从**这个三角形钻[854]到那**个**三角形，反反复复地讲解。我们宛如[855]游客在听导游[856]**叙述**[857]某个风景点源远流长[858]的故事：凌晨[859]二点多，隔壁[860]川石秀山先生卧室的几**声**敲门声把他**惊醒**[861]，他听见房门开了，有人进去，他还以为是川石秀山先生在**中国**的情妇

---

[828] 耍: shuǎ 가지고 놀다. 놀리다
[829] 够呛: gòu qiàng 힘겹다. 죽겠다. 견딜 수 없다
[830] 一反常态: yī fǎn cháng tài 평소의 태도와 판이하다. 평상시와 완전히 다르다
[831] 猜疑: cāi yí 마음을 놓지 못하다. 근거 없이 의심하다
[832] 不理我: bù lǐ wǒ 나를 무시하다. 상대하지 않다
[833] 干脆: gān cuì 아예. 차라리
[834] 破罐子破摔: pò guàn zi pò shuāi (결점이나 잘못이 있지만, 고치려고 하지 않고 오히려)자포자기하다
[835] 意淫: yì yín 음탕하다. 음란한 생각을 하다
[836] 心满意足: xīn mǎn yì zú 매우 만족해하다
[837] 稀饭: xī fàn 죽
[838] 下肚: xià dù (뱃속으로 넣다)먹다
[839] 慢吞吞: màn tūn tūn 행동이 느린 모양. 느릿느릿하다
[840] 看守: kān shǒu 돌보다. 관리하다
[841] 透过: tòu guò 통과하다
[842] 不经意: bù jīng yì 주의하지 않다. 조심하지 않다
[843] 有意: yǒu yì 일부러. 고의로
[844] 排列: pái liè 배열하다
[845] 坏事了: huài shì le 큰일 났다. 일을 망치다
[846] 犹豫: yóu yù 머뭇거리다. 망설이다
[847] 逃跑: táo pǎo 도망하다
[848] …为上: …wéi shàng 상책. 상수
[849] 瞥见: piē jiàn 언뜻 보다
[850] 一块石头方才落地: yī kuài shí tóu fāng cái luò dì 한숨 돌리다
[851] 迈开大步: mài kāi dà bù 큰 걸음으로 (걷다)
[852] 着西装: zhuó xī zhuāng 양복을 입다
[853] 科级干部: kē jí gàn bu 과급 간부
[854] 钻: zuān 들어가다
[855] 宛如: wǎn rú 마치 ~같다
[856] 导游: dǎo yóu 관광 안내원. 가이드
[857] 叙述: xù shù 서술하다
[858] 源远流长: yuán yuǎn liú cháng 역사가 유구하다
[859] 凌晨: líng chén 새벽녘
[860] 隔壁: gé bì 이웃집. 옆집
[861] 惊醒: jīng xǐng 놀라서 깨어나다

[862]，因为直到他重新入睡未觉着[863]有人出去，天亮的时候，发现房门开着，川石秀山先生躺在房间里，裸着身子，胸部被人用刀子扎了好几刀，生殖器[864]也丢了，大腿丫[865]只有毛。说到最后一句，人群里刮过一阵嗤嗤声[866]，大家憋住[867]笑。这位日本厂长在中国过着独身生活，从来未有人看见他带过中国女人，也未听说他有什么仇敌[868]，不像情杀案也不像复仇案，卧房里也没有任何东西被盗被抢。小张说，莫不是[869]谁神经发烧[870]，在昏迷状态下，干了这桩蠢事。我说，在想象里这么干过。想来想去，我们估计是情杀案[871]，因为割[872]生殖器的标志[873]过于明显。但这又跟他的生活习性不符[874]——我们记得，他简直是部工作的机器，最近以来，忙得几乎没有时间睡觉。人群里不知是谁，用权威的口气宣称：这是命运。这种滥俗[875]的没脑袋[876]的见解[877]，我早已听惯[878]，每次有人死去，总不乏[879]有人用这种腔调[880]说出这么一句话。不过，我还是印象很深，大概在所有的语言中，只有这句是百听不厌[881]的。只要时间存在，它就会时时翻出新意[882]。

　　小张拉我去看看现场，我就去看了一会。躺在墨绿色[883]地毯[884]上的是一只纸老虎[885]，毛泽东[886]用来比喻帝国主义[887]的那只纸老虎，而不是一个死人。我对小张谈起这个陈旧[888]的意象[889]，他笑了，意味深长[890]地说，这只剥了皮[891]的纸老虎也就

---

[862] 情妇: qíng fù 정부. 숨겨 놓은 여자
[863] 觉着: jué zhe ~라고 여기다. ~라고 느끼다
[864] 生殖器: shēng zhí qì 생식기. 성기
[865] 大腿丫: dà tuǐ yā 넓적다리. 허벅지
[866] 嗤嗤声: chī chī shēng 킥킥 소리가 나오다
[867] 憋住: biē zhù 참다. 억제하다
[868] 仇敌: chóu dí 원수. 적
[869] 莫不是: mò bú shì 혹시 ~이 아닐까? 설마 ~란 말인가
[870] 神经发烧: shén jīng fā shāo 정신적으로 문제 있다
[871] 情杀案: qíng shā'àn 사랑에 의한 살인 사건
[872] 割: gē 자르다. 절개하다
[873] 标志: biāo zhì 표지. 상징
[874] 跟…不符: gēn…bù fú ~과 서로 맞지 않다. 부합하지 않다
[875] 滥俗: làn sú 용속하다. 저속하다
[876] 没脑袋: méi nǎo dài 도리가 없다
[877] 见解: jiàn jiě 견해
[878] 听惯: tīng guàn 귀에 익다
[879] 不乏: bù fá 모자라지 않다. 드물지 않다
[880] 腔调: qiāng diào 말투. 말소리
[881] 百听不厌: bǎi tīng bù yàn 아무리 들어도 싫증나시 않다. 이야기나 우스갯소리가 매우 재미있다
[882] 翻出新意: fān chū xīn yì 새로운 것을 들추어내다
[883] 墨绿色: mò lù sè 흑녹색. 철색
[884] 地毯: dì tǎn 양탄자. 카펫
[885] 纸老虎: zhǐ lǎo hǔ 종이호랑이. 겉보기에 강한 듯 하지만 실제로 힘이 없는 사람
[886] 毛泽东: máo zé dōng 모택동
[887] 帝国主义: dì guó zhǔ yì 제국주의
[888] 陈旧: chén jiù 낡다. 오래 되다

是在场所有的人 。我站在门口，盯住[892]它，确实就是我。直至车间主任[893]知道后，怕我这样在尊严[894]的死人面前开玩笑[895]惹事[896]，把我拖去[897]喝可乐。

　　一连[898]好几个[899]星期，我们的脑袋都让川石秀山先生占据[900]着，他出乎意料[901]的死亡，太像没有谜底[902]的谜语[903]，叫我们兴奋好奇着迷[904]。要知道，这年头由于当局的有力措施[905]，重大又有趣的案件[906]已非常罕见[907]，我们依稀[908]记得的几个屈指可数[909]：温州[910]九尸案，九·二〇劫机[911]案，大兴安岭[912]纵火[913]案。川石秀山当然事关重大[914]，关系着中日两国的和睦相处[915]。我相信，在中国大地上的所有中国人和外国人，也一连好几个星期津津有味[916]地谈论着川石秀山的死亡。我们厂的职工更别提了[917]，无一[918]不感到前所未有[919]的轻松和痛快，差不多要狂欢[920]一场，其气氛[921]就如刚刚赢得[922]第三次世界大战，毫无疑问[923]，在川石秀山身上，我们报

---

[889] 意象: yì xiàng 형상. 이미지
[890] 意味深长: yì wèi shēn cháng 의미심장하다. 뜻하는 바가 매우 깊다
[891] 剥了皮: bō le pí 껍질을 벗다
[892] 盯住: dīng zhù 주시하다
[893] 车间主任: chē jiān zhǔ rèn 작업장 주임
[894] 尊严: zūn yán 장엄하다. 존엄하다
[895] 开玩笑: kāi wán xiào 농담하다. 웃기다
[896] 惹事: rě shì 일을 저지르다
[897] 拖去: tuō qù 잡아 당기다. 잡아 끌다
[898] 一连: yī lián 연이어. 계속해서
[899] 好几个: hǎo jǐ gè 꽤. 여러 개
[900] 占据: zhàn jù 차지하다. 점유하다
[901] 出乎意料: chū hū yì liào 예상 밖이다. 예상을 벗어나다
[902] 谜底: mí dǐ 수수께끼의 답
[903] 谜语: mí yǔ 수수께끼
[904] 着迷: zháo mí 몰두하다. 사로잡히다. 빠져들다
[905] 措施: cuò shī 조치. 대책
[906] 案件: àn jiàn 안건. 사안. 사건
[907] 罕见: hǎn jiàn 보기 드물다. 희한하다
[908] 依稀: yī xī 모호하다. 희미하다. 아련하다
[909] 屈指可数: qū zhǐ kě shǔ 손 꼽아 셈할 수 있다. 적은 수량
[910] 温州: wēn zhōu 浙江省에 위치하고 있는 직할시
[911] 劫机: qiè jī 비행기를 납치하다
[912] 大兴安岭: dà xīng ān lǐng 중국 동부에 위치한 산맥
[913] 纵火: zòng huǒ 종화하다. 방화하다. 불을 놓다
[914] 事关重大: shì guān zhòng dà 일이 매우 중대하다
[915] 和睦相处: hé mù xiāng chǔ 화목하게 함께 지내다
[916] 津津有味: jīn jīn yǒu wèi 흥미진진하다. 감칠맛 나다
[917] 别提了: bié tí le 말도 마라! 말도 꺼내지 마라
[918] 无一: wú yī 하나도 ~없다
[919] 前所未有: qián suǒ wèi yǒu 역사상 유례가 없다
[920] 狂欢: kuáng huān 마음껏 즐기다
[921] 气氛: qì fèn 분위기
[922] 赢得: yíng dé 이기다
[923] 毫无疑问: háo wú yí wèn 조금도 의문이 없다

了**从甲午战争**[924]到八年抗战[925]的深仇大恨[926]。就我所知[927]，在戍城，在全中国，在全世界，唯一一**个**无动于衷[928]的人，就是我母亲，**她**以老年人的无所不知[929]和神经混乱[930]，顽固[931]地**翻来**复去[932]地说：　　　"唉咳，我给**你**说过，东洋狗**怎么敢来**毁掉[933]**你**父亲的家。"

　　川石秀山死后，我们**厂**又回复到原**来**的半瘫痪[934]**状**态。我整日呆在家里无所事事[935]，闷得发慌[936]，心里分明有一种东西在逼迫[937]我，要我爬上阁**楼**，跟母亲炒炒[938]父亲的故事。

　　我母亲坐在阁**楼**的窗边，**双手交叠**[939]着压住窗口，干枯[940]的眼睛漫无目的[941]地望着窗外的房子，喧嚣[942]**与骚动**[943]，以及远处低覆[944]的天空和天空下不知为何飞过的鸽子[945]。我知道**她**沉浸[946]在回忆中不能自拔[947]，以至于自己也变成了回忆的一部分。**她**活在四十年前的血雨腥风[948]里，为着丈夫的英雄而骄傲[949]，唯一维系[950]着**她与**现实的是，干瘪[951]的白衣**内**每隔**两**分钟发出的一**声**咳嗽。屋子里有一股腐烂[952]的**气味**[953]，斑驳[954]焦黑[955]的板壁[956]上爬满蜘蛛网[957]，那把神奇[958]的三角形匕

---

[924] 甲午战争: jiǎ wǔ zhàn zhēng 갑오전쟁

[925] 八年抗战: bā nián kàng zhàn 팔년 항일 전쟁

[926] 报了…深仇大恨: bào le…shēn chóu dà hèn 아주 깊고 큰 원한을 풀다

[927] 就我所知: jiù wǒ suǒ zhī 내가 알기로는. 내가 알고 있는 바에 의하면

[928] 无动于衷: wú dòng yú zhōng (마음속에)아무런 느낌이 없다. 전혀 무관심하다

[929] 无所不知: wú suǒ bù zhī 모르는 것이 없다

[930] 神经混乱: shén jīng hùn luàn 정신이 혼란하다

[931] 顽固: wán gù 완고하다. 고집스럽다

[932] 翻来复去: fān lái fù qù 엎치락뒤치락하다. 이리저리 뒤척이다

[933] 毁掉: huǐ diào 파멸시키다

[934] 瘫痪: tān huàn (조직 따위가)마비되다. 정지되다

[935] 无所事事: wú suǒ shì shì 할 만한 일이 없다. 한가하여 아무 일도 하지 않다

[936] 闷得发慌: mēn de fā huāng 갑갑해 죽을 지경이다

[937] 逼迫: bī pò 핍박하다

[938] 炒炒: chǎo chǎo 들볶다

[939] 交叠: jiāo dié 끼다

[940] 干枯: gān kū 마르다

[941] 漫无目的: màn wú mù dì 아무런 목적이 없다

[942] 喧嚣: xuān xiāo 시끄럽다. 소란스럽다

[943] 骚动: sāo dòng 소동을 피우다. 떠들썩하다

[944] 低覆: dī fù 낮게 뒤덮다

[945] 鸽子: gē zi 비둘기

[946] 沉浸: chén jìn 빠져있다. 잠겨 있다

[947] 不能自拔: bù néng zì bá 어떤 상황에서 벗어날 수 없다

[948] 血雨腥风: xuè yǔ xīng fēng 참혹한 살육의 현장

[949] 为…骄傲: wèi…jiāoào ~에 자부심을 느끼다

[950] 维系: wéi xì 유지하다. 잡아매다

[951] 干瘪: gān biē 비쩍 마르다

[952] 腐烂: fǔ làn 부패하다

首就挂在当中。角落里一张母亲的母亲留传下来的宁式床[959]，褪色[960]的油漆[961]上面积着[962]祖宗三代[963]的污垢[964]，厚厚的一层，床柜里面是父亲的遗物[965]。我突然觉得母亲过世[966]已经多年。

她并不理会[967]我，嘴里嚷嚷道[968]，是在十分遥远[969]的地方：

"我知道，无论在哪里，你都在想着我，我看你的眼睛就知道，唉咳，你是真正的男子汉，在中国从古至今没有一个男人像你那样英雄那样含冤受屈[970]，你决不会让东洋狗在我们的土地上喘一口气[971]，唉咳[972]。"

我说："妈——"

"你父亲到底让你上来了。"母亲转过身来，眼睛盯着板壁上黑色刀鞘[973]里的匕首。"你知道川石秀山死在谁的手里？"

"别管这件事，好好休息。妈！"

母亲盯着匕首，猛地[974]发出一声干笑[975]。我突然明白，内心里那股逼我上阁楼来的东西是什么。原来是我脑瓜混乱的母亲宰[976]了川石秀山，并且残忍[977]地割下他的生殖器。我浑身[978]起了鸡皮疙瘩[979]，惊颤[980]着问

₉₅₃ 气味：qì wèi 냄새
₉₅₄ 斑驳：bān bó 여러 색채가 뒤섞여 얼룩덜룩하다
₉₅₅ 焦黑：jiāo hēi 눌어서 까맣다
₉₅₆ 板壁：bǎn bì 판자벽. 판벽
₉₅₇ 蜘蛛网：zhī zhū wǎng 거미집. 거미줄
₉₅₈ 神奇：shén qí 신기하다
₉₅₉ 宁式床：níng shì chuáng 영파식침대(영파 특유의 것으로, 머리와 좌우 양편에 조각을 한 황양목을 끼워 넣은 것)
₉₆₀ 褪色：tuì shǎi 색이 바래다. 퇴색하다
₉₆₁ 油漆：yóu qī 페인트
₉₆₂ 积着：jī zhe 쌓이다
₉₆₃ 祖宗三代：zǔ zōng sān dài 조상삼대
₉₆₄ 污垢：wū gòu (몸이나 물건에 낀)때
₉₆₅ 遗物：yí wù 유물. 유품
₉₆₆ 过世：guò shì 죽다. 돌아가시다
₉₆₇ 理会：lǐ huì 주의하다
₉₆₈ 嚷嚷道：rāng rāng dào 소리치다
₉₆₉ 遥远：yáo yuǎn 아득히 멀다
₉₇₀ 含冤受屈：hán yuān shòu qū 억울함을 당하다
₉₇₁ 喘一口气：chuǎn yī kǒu qì 숨 쉬다(한 모금이라도)
₉₇₂ 唉咳：āi ké 어이
₉₇₃ 刀鞘：dāo qiāo 칼집
₉₇₄ 猛地：měng de 갑자기
₉₇₅ 干笑：gān xiào 억지웃음짓다

"妈，你……。"

母亲脸上现出心满意足[981]的神情，继而[982]又发出一声干笑："这是你父亲的旨意[983]。"

她不等我回话，就去板壁上取下三角形匕首，是一截[984]闪光的幽灵[985]，锋刃[986]上吐出白色和红色的泡沫[987]，长江又在涨潮[988]。"你看看吧。现在该让你看看了。"她注视[989]着泡沫上的幻影[990]。"他多么爱我，爱得发狂，他恨不得[991]杀了我。"

我看见锋刃深处走来一团黑影，那就是父亲吧。就在我看见父亲向我走来的时候，母亲不出一声倒地[992]死去了，三角形匕首深深扎进她的胸部，没有血。她当然不是自杀，我亦无力阻挡[993]，是这柄匕首也就是我父亲唤[994]她回去。这是命运。

母亲死亡的当日，我就将她只剩下一层皮和几根骨头的尸体送进火葬场[995]，花了二百元钱，换回一个四方形的小盒子。我连同那两把三角形匕首合成一对装进盒子，安放[996]在阁楼里宁式床的下面，但愿父亲和母亲在另一个我迟早[997]要去的世界里，永生永世[998]厮守[999]在一起。

---

[976] 宰：zǎi 죽이다. 잡다
[977] 残忍：cán rěn 잔인하다
[978] 浑身：hún shēn 온몸. 전신
[979] 鸡皮疙瘩：jī pí gē dā 닭살
[980] 惊颤：jīng chàn 놀라 몸을 떨다
[981] 心满意足：xīn mǎn yìzú 매우 만족해하다
[982] 继而：jì ér 뒤이어. 이어서
[983] 旨意：zhǐ yì 취지. 의도
[984] 一截：yī jié 한 동아리. 한 마디
[985] 幽灵：yōu líng 유령
[986] 锋刃：fēng rèn 칼날
[987] 泡沫：pào mò 거품
[988] 涨潮：zhǎng cháo 밀물이 들어오다
[989] 注视：zhù shì 주목하다
[990] 幻影：huàn yǐng 환영. 환상
[991] 恨不得：hèn bu de ~하지 못해 한스럽다
[992] 倒地：dǎo dì 넘어지다
[993] 阻挡：zǔ dǎng 저지하다. 가로막다
[994] 唤：huàn 외치다. 부르다
[995] 火葬场：huǒ zàng chǎng 화장터
[996] 安放：ān fàng 잘 놓아 두다
[997] 迟早：chí zǎo 조만간. 머지않아
[998] 永生永世：yǒng shēng yǒng shì 영원하다. 영원히
[999] 厮守：sī shǒu 서로 의지하며 지내다

在母亲死后的第十四天，有三**个**荷枪实弹[1000]的**警察**窜进[1001]我的住宅或父亲的住宅，宣布我被捕[1002]了。**随即**动手[1003]搜查[1004]房间，**看情景**[1005]他们早已一**清**二楚，马上在抽屉[1006]里找出一对三角形匕首。这实在令人难以置信[1007]，我的抽屉除了一些杂物，**就没**有别的什么，料想[1008]他们事先[1009]偷放进去的。　　我谨**慎**[1010]地说："这匕首我原**来**放在母亲的骨灰盒里，**怎么会**在抽屉里？"

"是可以肯定，这匕首不太老实。"有**个**警察开玩笑道。

我戴上了手铐[1011]，莫名其妙[1012]地走在他们前面，嘴里自言自语[1013]：**真他妈见**鬼了。周围是行人和车辆，朦胧[1014]而活跃[1015]，他们**既**不阻拦[1016]我们也无兴致[1017]看上一眼，好像我们四个人根本不存在。渐渐地，在一段无法确定的时间**内**，我成了这**个**世界的旁观[1018]者，三个逮捕我的警察跟在后面，乖乖[1019]地不**声**不**响**[1020]，倒像是我逮捕了他们，就这样，我们到了刑侦队[1021]，进了审讯室[1022]。队长坐在二十寸电视机前审查[1023]一部什么片子，欣喜若狂[1024]得压根**儿**[1025]就不在乎[1026]我的到**来**。

[1000] 荷枪实弹: hé qiāng shí dàn 총을 메고 총알을 장전하다. 완전 무장하고 전투 태세를 갖추다
[1001] 窜进: cuàn jìn 달아나다
[1002] 被捕: bèi bǔ 체포되다
[1003] 动手: dòng shǒu 착수하다
[1004] 搜查: sōu chá 검색하다. 수색하다
[1005] 情景: qíng jǐng 장면. 모습
[1006] 抽屉: chōu tì 서랍
[1007] 难以置信: nán yǐ zhì xìn 매우 믿기 어렵다
[1008] 料想: liào xiǎng 예상하다. 짐작하다
[1009] 事先: shì xiān 사전. 미리
[1010] 谨慎: jǐn shèn 신중하다. 조심스럽다
[1011] 手铐: shǒu kào 수갑. 쇠고랑
[1012] 莫名其妙: mò míng qí miào 영문을 알 수 없다. 어리둥절하게 하다
[1013] 自言自语: zì yán zì yǔ 중얼거리다. 혼잣말을 하다
[1014] 朦胧: méng lóng 모호하다
[1015] 活跃: huó yuè 활기를 띠게 하다
[1016] 阻拦: zǔ lán 저지하다. 막다. 방해하다
[1017] 兴致: xìng zhì 흥취. 재미
[1018] 旁观者: páng guān 방관하다. 옆에서 보다
[1019] 乖乖: guāi guāi 순종적이다
[1020] 不声不响: bù shēng bù xiǎng 아무 말도 하지 않다. 조용히. 고분고분
[1021] 刑侦队: xíng zhēn duì 수사대
[1022] 审讯室: shěn xùn shì 심문실. 취조실
[1023] 审查: shěn chá 심사하다
[1024] 欣喜若狂: xīn xǐ ruò kuáng 기뻐서 어쩔 줄 모르다. 미친 듯 기쁘다
[1025] 压根儿: yā gēn er 전혀. 완전히
[1026] 不在乎: bù zài hu 마음에 두지 않다

我就不慌不忙[1027]坐下，挺起胸脯[1028]：“请问，我到底犯了什么罪[1029]？”

队长关掉[1030]电视机，转了个身，十分得意地冷笑：

“你真不愧[1031]是强盗的儿子，死到临头[1032]还装蒜[1033]。”

“什么意思？”我不解[1034]地问。

“你是否想听听你的犯罪经过？”

“讲吧。”我倒真想听听我的所谓犯罪经过。

“好吧，满足你的愿望。”队长站起来开始叙述，“作案[1035]前几天，你极度不安[1036]，在工作中频频[1037]出故障[1038]。三月十三日十九日时正，你走进厂部，目的是先试探[1039]一下，不料[1040]刚好碰上张则正，邀请[1041]你去看黄色录像[1042]《狂女》，你很乐意[1043]去了，一则消磨[1044]从十九时至凌晨二时这段多余的时间；二则借以松弛[1045]犯罪前的紧张，你一直看到凌晨二点出来，竟然把作案计划忘了，等到脑袋被铁门撞了一下，才想起晚上进厂的真正目的，便又折回[1046]，径直[1047]来到川石秀山门口。你事先万万没想到[1048]录像会有这么大的魔力[1049]，可以把你几日来精心编织[1050]的计划抹[1051]得干干净净。你当时很邪乎了，确实很邪乎，不然，你要戴上手套

---

¹⁰²⁷ 不慌不忙: bù huāng bù máng 차분하게. 허둥거리지 않다

¹⁰²⁸ 挺起胸脯: tǐng qǐ xiōng pú 가슴을 쭉 펴다

¹⁰²⁹ 犯…罪: fàn…zuì 죄를 저지르다

¹⁰³⁰ 关掉: guān diào 꺼버리다

¹⁰³¹ 不愧: bù kuì ~에 부끄럽지 않다. ~라고 할만하다. 손색이 없다

¹⁰³² 死到临头: sǐ dào lín tóu 죽기 직전의 위험한 상황에 직면하다

¹⁰³³ 装蒜: zhuāng suàn 짐짓 시치미를 떼다

¹⁰³⁴ 不解: bù jiě 이해하지 못하다

¹⁰³⁵ 作案: zuò'àn 범죄를 저지르다. 범죄 행위를 하다

¹⁰³⁶ 极度不安: jí dù bù'ān 너무 불안하다

¹⁰³⁷ 频频: pín pín 빈번히. 자꾸

¹⁰³⁸ 出故障: chū gù zhàng 고장이 나다. 일(좋지 않은 일)이 생기다

¹⁰³⁹ 试探: shì tàn (어떤 문제를) 탐색해 보다. 모색해 보다

¹⁰⁴⁰ 不料: bù liào 뜻밖에

¹⁰⁴¹ 邀请: yāo qǐng 초청하다

¹⁰⁴² 黄色录像: huáng sè lù xiàng 음란 비디오테이프

¹⁰⁴³ 乐意: lè yì ~하기를 원하다

¹⁰⁴⁴ 消磨: xiāo mó 시간을 빼우다

¹⁰⁴⁵ 松弛: sōng chí (긴장)풀다

¹⁰⁴⁶ 折回: zhé huí 중도에 되돌아오다

¹⁰⁴⁷ 径直: jìng zhí 곧바로

¹⁰⁴⁸ 万万没想到: wàn wàn méi xiǎng dào 전혀 그렇게 생각 못했다. 생각밖에

¹⁰⁴⁹ 魔力: mó lì 마력

¹⁰⁵⁰ 精心编织: jīng xīn biān zhī 정성을 들여서 계획하다

¹⁰⁵¹ 抹: mǒ 지우다. 삭제하다

[1052]，更不**会**在门上拿手掌[1053]按**两**按，留下指纹[1054]。然后，**你**敲门，川石秀山刚**躺**下五分钟左右，**尚未睡着**，他在毫无防备[1055]的**情况**下开了门，**你**不出一**声**马上给他**两刀**，紧接着**将**他放倒，见他还喘**气**[1056]，又补了一刀。**你看**着他赤裸的身子，想起刚看过的录像，由于**你**一直在性方面不满足，因此妒嫉[1057]别人的能干[1058]，**你**稀里糊涂[1059]扒[1060]了他的短裤，顺手[1061]割了他的生殖器，无意中[1062]给人一种情杀[1063]的错觉[1064]。

"回去以后，**你觉**得大功告成[1065]，这一夜睡得不错，以至于忘了上班时间。第二日九时五十一分，**你**到**厂**门前，看见有警察守着，以为罪行[1066]暴露[1067]了，很**犹豫了一会**，考虑[1068]是不是先逃跑为上[1069]，又想逃反正逃不了，不如混进去，为了掩饰[1070]**内心**的恐惧，**你**装得一无所知[1071]。我坦率[1072]承认，**你**装得相当成功。**你**还故意[1073]开一些恶劣[1074]的玩笑，把死尸说成纸老虎。事隔十四日[1075]，**你**又制造了第二起凶杀案，这回受害者是**你**自己的母亲，因为**你**母亲发现了**你**的秘密，不留余地[1076]的要去公安局告发[1077]，**你**一不做二不休[1078]，**狠狠**心，干脆[1079]把母亲也结

[1052] 手套: shǒu tào 장갑
[1053] 手掌: shǒu zhǎng 손바닥
[1054] 指纹: zhǐ wén 지문
[1055] 毫无防备: háo wú fáng bèi 조금도 방비 하지 않다
[1056] 喘气: chuǎn qì 호흡하다. 헐떡거리다
[1057] 妒嫉: jì dù 질투하다
[1058] 能干: néng gàn 유능하다. 일을 잘하다
[1059] 稀里糊涂: xī lǐ hú tú 건성이다. 세밋대로이다
[1060] 扒: bā 벗기다
[1061] 顺手: shùn shǒu ~하는 김에
[1062] 无意中: wú yì zhōng 무의식 중에
[1063] 情杀: qíng shā 사랑에 의한 살인
[1064] 错觉: cuò jué 착각
[1065] 大功告成: dà gōng gào chéng (대형 프로젝트·대형 사업·중요 임무 등) 큰 일의 완성을 선언하다. 큰 일을 마치다. 큰 성공을 거두다
[1066] 罪行: zuì xíng 범행
[1067] 暴露: bào lù 폭로하다
[1068] 考虑: kǎo lǜ 고려하다
[1069] 逃跑为上: táo pǎo wéi shàng 도망가는 것이 제일 좋은 계책이다
[1070] 掩饰: yǎn shì 덮어 숨기다. 감추다
[1071] 一无所知: yì wú suǒ zhī 아는 게 아무것도 없다. 아무것도 모른다
[1072] 坦率: tǎn shuài 솔직하다
[1073] 故意: gù yì 일부러
[1074] 恶劣: è liè 아주 나쁘다. 악렬하다
[1075] 事隔…日: shì gé…rì 일이 발생한 지 ~일 지났다
[1076] 不留余地: bù liú yú dì 돌아볼 여지를 남기지 않다
[1077] 告发: gào fā 신고하다. 고발하다
[1078] 一不做二不休: yī bú zuò èr bù xiū 일단 시작한 일은 철저하게 하다
[1079] 干脆: gān cuì 차라리

果了[1080]，事后将匕首藏在母亲的骨灰盒里，细想[1081]又觉得不妥[1082]，倒不如以粗率[1083]来对付[1084]警察的精细，做梦一样又把匕首扔进放杂物的抽屉。我们从两桩凶案里找到了线索[1085]，你毕竟初次，嫩[1086]了点，要不，我们不会这么快破案。"

我简直忍无可忍[1087]，几次插嘴[1088]，都被挡回，好不容易[1089]等他讲完，他的自以为[1090]是真叫人恶心，我只好把事实捅破[1091]。

"别太自信了，实话说，川石秀山是我母亲杀的，我母亲则是自杀的，也许是畏罪[1092]，我说不准[1093]。"

我正要说出母亲的罪证，队长却很鄙视[1094]地打断[1095]了我："男子汉[1096]敢做敢当[1097]，你把罪状[1098]推到受害者身上[1099]，还算[1100]男人?"骂了几句，便将我一脚踢进一间暗洞洞[1101]又潮湿[1102]的监牢[1103]，"当啷[1104]"一声锁上铁门。

我觉得这全是命运他妈的[1105]嘲弄[1106]。假使我不折回头在门上按两按就不会留下指纹，假使我不被门撞了一下就不会记起拆迁事宜又折回头，假使我不看录像或者看其它没劲[1107]的录像就不会撞上凌晨二点这个倒楣[1108]的时辰[1109]，假使那

---

¹⁰⁸⁰ 结果了: jié guǒ liǎo 죽여 버리다
¹⁰⁸¹ 细想: xì xiǎng 자세히 생각하다
¹⁰⁸² 不妥: bù tuǒ 부적당하다
¹⁰⁸³ 粗率: cū shuāi 거칠고 경솔하다
¹⁰⁸⁴ 对付: duì fu 대처하다. 대응하다
¹⁰⁸⁵ 线索: xiàn suǒ 단서
¹⁰⁸⁶ 嫩: nèn 부드럽다
¹⁰⁸⁷ 忍无可忍: rěn wú kě rěn 더 이상은 참을 수 없다
¹⁰⁸⁸ 插嘴: chā zuǐ 말참견하다
¹⁰⁸⁹ 好不容易: hǎo bù róng yì 가까스로. 겨우
¹⁰⁹⁰ 自以为: zì yǐ wéi 제 딴엔 자기가 잘났다고 생각하다
¹⁰⁹¹ 捅破: tǒng pò 찔러 뚫다
¹⁰⁹² 畏罪: wèi zuì 죄를 저지르고 징벌을 두려워하다
¹⁰⁹³ 说不准: shuō bù zhǔn 확실히 단언하기 어렵다
¹⁰⁹⁴ 鄙视: bǐ shì 경시하다. 무시하다
¹⁰⁹⁵ 打断: dǎ duàn (남의 말이나 행동을)끊다
¹⁰⁹⁶ 男子汉: nán zǐ hàn 사내 대장부. 남자
¹⁰⁹⁷ 敢做敢当: gǎn zuò bù gǎn dāng 대담하게 시도하고 결과에 책임을 지다
¹⁰⁹⁸ 罪状: zuì zhuàng 죄상
¹⁰⁹⁹ 推到…身上: tuī dào…shēn shàng 남에게 전가하다
¹¹⁰⁰ 还算: hái suàn ~라고 칠(인정 할) 수 있는가(의문문에서)
¹¹⁰¹ 暗洞洞: àn dòng dòng 어둡다
¹¹⁰² 潮湿: cháo shī 습하다. 축축하다
¹¹⁰³ 监牢: jiān láo 감옥
¹¹⁰⁴ 当啷: dāng láng 땡땡
¹¹⁰⁵ 他妈的: tā mā de 제기랄
¹¹⁰⁶ 嘲弄: cháo nòng 비웃다
¹¹⁰⁷ 没劲: méi jìn 재미(흥미)없다. 시시하다

天我不说罗虎是我父亲，小张不得罪[1110]我或者得罪我不道歉[1111]不请我看录像，我根本就**不会**卷进[1112]这桩凶杀案，川石秀山死的时候，我肯定在做**梦**。一切都那么凑巧[1113]，一切都在**梦**中。但那对三角形匕首明明是我亲手[1114]放进骨灰盒，**怎么又会**溜到[1115]抽屉里，**它**们干吗[1116]也**与**我过不去[1117]呢?

　　当我再次被提出审讯的时候，我自己也不得不承认确系[1118]我杀了。我搜肠刮肚[1119]**尽力**[1120]**搬**出母亲杀人的证据[1121]，队长们无须[1122]反驳[1123]，只哈哈哈一阵大笑就烟消云散[1124]了。原**来**母亲杀人的证据竟那么空洞[1125]，**怎么**可能呢?一个上了年纪[1126]又咳嗽连天[1127]的老太**婆会**杀死年富力强[1128]的川石秀山?**她**只不过是给了我一些杀人的暗示[1129]而已，甚至连**她**是否给过我这种暗示都无法得到证明。而队长们的证据则是不容辩驳[1130]的，别说房门，川石秀山身上也确实留有我的指纹。难道我母亲这样一**个**头脑混**乱**的人的呓语[1131]，**会**比现代科**学**的侦探更具准确性?

　　我无可奈何[1132]地说:"我**没**有证据证明不是我杀。可是我确实不知道我干吗要杀川石秀山和我的母亲。"

　　"对，**你作案**动机[1133]不明显。"队长说。

---

¹¹⁰⁸ 倒楣: dǎo méi 재수 없다
¹¹⁰⁹ 时辰: shí chén 시각. 시기
¹¹¹⁰ 得罪: dé zuì 미움을 사다. 기분을 상하게 하다
¹¹¹¹ 道歉: dào qiàn 사과하다
¹¹¹² 卷进: juǎn jìn 휩쓸리다. 말려들다
¹¹¹³ 凑巧: còu qiǎo 공교롭게. 우연히
¹¹¹⁴ 亲手: qīn shǒu 직접
¹¹¹⁵ 溜到: liū dào 슬그머니 들어가다. 흘러 들어가다
¹¹¹⁶ 干吗: gàn má 왜
¹¹¹⁷ 过不去: guò bù qù 괴롭히다. 난처하게 만들다
¹¹¹⁸ 确系: què xì 확실하다
¹¹¹⁹ 搜肠刮肚: sōu cháng guā dù 고심하여 생각을 짜내다
¹¹²⁰ 尽力: jìn lì 온 힘을 다하다
¹¹²¹ 证据: zhèng jù 증거
¹¹²² 无须: wú xū 필요 없이
¹¹²³ 反驳: fǎn bó 반박하다
¹¹²⁴ 烟消云散: yān xiāo yún sàn 안개와 구름이 사라져 날이 개다. (걱정 등)깨끗이 사라지다
¹¹²⁵ 空洞: kōng dòng 내용이 없다. 요지가 없다
¹¹²⁶ 上了年纪: shàng le nián jì 나이가 들다
¹¹²⁷ 咳嗽连天: ké sou lián tiān 기침이 끊이지 않다
¹¹²⁸ 年富力强: nián fù lì qiáng 젊고 혈기 왕성하다
¹¹²⁹ 暗示: àn shì 암시. 암시하다
¹¹³⁰ 不容辩驳: bù róng biàn bó 논박의 여지가 없다
¹¹³¹ 呓语: yì yǔ 헛소리
¹¹³² 无可奈何: wú kě nài hé 어찌 해 볼 도리가 없다
¹¹³³ 动机: dòng jī 동기

　　队长走到玻璃橱窗前，取出三角形匕首，默然[1134]一会，抬头说："你知道这对兵器[1135]的来历[1136]吗？"

　　我摇头。

　　"这对三角形匕首，属[1137]你家祖传[1138]。在抗日战争的时候，老川石秀山——也就是死者川石秀山的父亲，曾经有一段时间拥有[1139]过它。老川石秀山当时是派往[1140]中国的特工[1141]，是你父亲的死敌[1142]。传说[1143]你母亲被他污辱[1144]过，当然只是传说而已，缺乏[1145]证据。不知道他拥有它的时间是在你父亲生前还是死后，也不知道后来它怎么又回到你家，你了解这段历史吗？"　我摇头，继而陷入[1146]长久的沉思[1147]。

　　在暗牢[1148]漫长的夜晚（那里没有白天），我全身心投入[1149]找寻我的作案动机。我搜罗[1150]到的理论几乎填满了整个监牢[1151]，可没一个让我信服[1152]的。在这里，不妨[1153]举其一二[1154]，以飨读者[1155]：一，川石秀山使我们厂规模扩大了，要扩建了，要拆掉我的家了，我因此仇恨，杀了川石秀山。凭良心讲[1156]，我对他一点仇恨也没有，我没有杀死他的任何理由，这种说法是小人之见[1157]。二，按照目前流行以后也许更流行的瞎子[1158]学说[1159]，我是某个古老故事的其中一个结局，我并没有杀

[1134] 默然：mò rán 잠자코(묵묵히) 있는 모양
[1135] 兵器：bīng qì 무기. 병기
[1136] 来历：lái lì 이력. 유래. 배경
[1137] 属：shǔ ~속하다
[1138] 祖传：zǔ chuán 조상 대대로 전해진
[1139] 拥有：yōng yǒu 소유하다. 가지다
[1140] 派往：pài wǎng 파견되다
[1141] 特工：tè gōng 특수 임무
[1142] 死敌：sǐ dí 불구대천지원수
[1143] 传说：chuán shuō 전설
[1144] 污辱：wū rǔ 모욕하다
[1145] 缺乏：quē fá 결핍되다
[1146] 陷入：xiàn rù 몰두하다. 빠지다
[1147] 沉思：chén sī 깊이 생각하다
[1148] 暗牢：àn láo 어두운 감옥
[1149] 投入：tóu rù 몰두하다
[1150] 搜罗：sōu luó 긁어모으다
[1151] 监牢：jiān láo 감옥
[1152] 信服：xìn fú 신복하다. 납득하다
[1153] 不妨：bù fáng 무방하다
[1154] 举其一二：jǔ qí yī èr 좀 예를 들면
[1155] 以飨读者：yǐ xiǎng dú zhě 독자들의 요구에 부응하다. 독자들을 즐겁게 해 주다
[1156] 凭…讲：píng…jiǎng ~에 의하여
[1157] 小人之见：xiǎo rén zhī jiàn 본인의 견해(자신을 낮추는 말)
[1158] 瞎子：xiā zi 시각장애자

人，是三角形匕首杀人，我只不过是匕首的工具，川石秀山的到**来**，**惊醒**了沉睡在匕首里面暗伺[1160]着人类的仇恨，于是发生了一场由匕首执导[1161]的凶杀案，**它**要选择我作为工具，因为我是**它**的后代和**它**的继承人。　虽然在我们的古典[1162]里，不乏凶器成精[1163]的先例[1164]，但这种玄说[1165]不能满足我的需要。为了死得明白和**内**心安宁，我必须找到更恰**当**的说法，否则，即便子弹穿过我的脑袋，也**决不会**瞑目[1166]的。

　　我**静**坐入虚[1167]，闭目**内观**[1168]，**没日没**夜，忘了身陷囹圄[1169]，我在做**梦**，在似想非想，**极**力回到作案的那一刻，最终，我进入半催眠[1170]**状态**，利用队长提供的材料，破了这桩谜案[1171]。我敢肯定，这种解释，到目前为止[1172]，是最令人满意的了，**整个**过程就不罗嗦[1173]了，死人是不喜欢罗嗦的，我只给**你**历尽艰辛[1174]所找到的答案。　作案的前几天，正如队长所说，我**极**度不安，夜里经常做恶**梦**，**梦**里父亲要结果掉我，我知道**梦**中的父亲不是父亲，而是权威的象征。依照[1175]**梦**的置换[1176]作用，我很快得出要结果掉我的人是川石秀山先生，我不知道他干吗要结果掉我，以至我**极**度不安。三月十四日凌晨二点多，**当**我走到川石秀山门口，我自己即刻[1177]隐退[1178]了，父亲的角色代替了我，我杀人的时候，其实不是我，而是父亲杀人，被杀的也不是小川石秀山，而是老川石秀山，我们俩人不过是替代品[1179]，这是上辈人[1180]的仇恨，因为**没机会**，过了四十多年才报，给我们带**来**不幸。父亲不以杀死为满足，还割了他的生殖器，可以**推断**我母亲确实被老川石秀山污辱

[1159] 学说：xué shuō 학설
[1160] 暗伺：àn cì 몰래 살피다. 몰래 관찰하다
[1161] 执导：zhí dǎo 연출하다. 감독하다
[1162] 古典：gǔ diǎn 고전
[1163] 凶器成精：xiōng qì chéng jīng 흉기가 요괴로 둔갑하다
[1164] 先例：xiān lì 선례
[1165] 玄说：xuán shuō 허황스러운 이야기. 불가사의한 말
[1166] 瞑目：míng mù 눈을 감다(주로 편안히 죽음을 가리킴)
[1167] 静坐入虚：jìng zuò rù xū 조용히 앉다
[1168] 闭目内观：bì mù nèi guān 눈을 감고 생각하다
[1169] 身陷囹圄：shēn xiàn líng yǔ 감옥에 갇히다
[1170] 催眠：cuī mián 잠들게 하다. 잠에 빠지게 하다. 잠이 오게 하다
[1171] 破了谜案：pò le mí àn 밝히기 어려운 형사 사건을 해결하다
[1172] 到目前为止：dào mù qián wéi zhǐ 지금까지
[1173] 罗嗦：luō suo 말이 많다. 수다스럽다
[1174] 历尽艰辛：lì jìn jiān xīn 온갖 고난을 겪다
[1175] 依照：yī zhào ~에 의해. ~에 비추다
[1176] 置换：zhì huàn 교체하다. 교환하다
[1177] 即刻：jí kè 바로. 곧
[1178] 隐退：yǐn tuì 은퇴하다. 사라지다
[1179] 替代品：tì dài pǐn 대체물
[1180] 上辈人：shàng bèi rén 손윗 사람. 아버지뻘 되는 세대

过。等到父亲蕴藏[1181]在我潜意识[1182]**内**的复仇[1183]欲望得到满足，潜意识开始隐退，我回到我自己身上，潜意识和意识是互相隔绝[1184]的，所以在意识**状**态下，我一点都记不起杀人的事。后**来**我在监牢里，在半催眠的**状**态下，打通[1185]了意识和潜意识之间的通道[1186]，唤回深埋在潜意识里遗忘[1187]的记忆，又重新经历了一次杀死川石秀山的全过程，**与**刑侦队长**叙**述的基本相同，如需要指出一点失误的话，我是先割了他的生殖器，再补一刀的，他把次序[1188]颠倒[1189]了。生殖器**当**场丢在床铺底下。

　　事隔十四日，那天我爬上阁**楼**，想让母亲给我炒父亲的故事，不料母亲拿出三角形匕首，经**她**这么一**触**发[1190]，我马上又变成了父亲。原**来**父亲活着的时候，一直怀疑母亲被川石秀山污辱过，而母亲又**断**然否认，时间长了，差不多他自己也记不得这**个**羞辱的念头[1191]了。但播下我生命的种子时，这个念头却**随**同生命密码[1192]扎进了我的潜意识，经过四十年的郁积[1193]，这**个**念头所附带[1194]的情感越**来**越强大，及至我看见父亲那瞬间，就非爆发不可了，我父亲**决**不能容忍他的妻子被别人占有[1195]过，不管在他之前还是之后，**解决**的办法，按中国人的惯例[1196]，不是忏悔[1197]自己的瞎猜疑[1198]，而是休掉[1199]妻子或干脆[1200]杀死，父亲是强**盗**，自然选择后者。父亲这种由妒嫉和根深蒂固[1201]的传统偏见[1202]组成的怪念头，**真**让我永世**清**洗不尽杀母的罪恶。父亲**啊**，父亲，我只有无穷的怨恨[1203]和忏悔。

[1181] 蕴藏：yùn cáng 잠재하다

[1182] 潜意识：qiǎn yì shí 잠재 의식

[1183] 复仇：fù chóu 복수하다

[1184] 隔绝：gé jué 단절시키다

[1185] 打通：dǎ tōng 관통시키다. 소통시키다

[1186] 通道：tōng dào 통로

[1187] 遗忘：yí wàng 잊어버리다

[1188] 次序：cì xù 순서

[1189] 颠倒：diān dǎo 뒤바뀌다

[1190] 触发：chù fā 유발하다. 촉발하다

[1191] 念头：niàn tou 생각. 마음

[1192] 密码：mì mǎ 비밀번호

[1193] 郁积：yù jī (감정이)울적하다. 마음에 쌓이다

[1194] 附带：fù dài 부가하다

[1195] 占有：zhàn yǒu 차지하다

[1196] 按…惯例：àn…guàn lì 관례에 따라서

[1197] 忏悔：chàn huǐ 참회하다

[1198] 瞎猜疑：xiā cāi yí 근거 없이 의심하다

[1199] 休掉：xiū diào 이혼하다. (친정으로) 쫓아 내다

[1200] 干脆：gān cuì 아예. 차라리

[1201] 根深蒂固：gēn shēn dì gù 기초가 튼튼하여 쉽게 흔들리지 않다

[1202] 偏见：piān jiàn 편견

[1203] 怨恨：yuàn hèn 증오심. 적개심

顺便提一下，杀母案的**来龙去脉**[1204]已经不是半催眠的**状态记起**[1205]的，而是在一种叫**气功态**[1206]的**状态**下看见的，在这种**状态**下，我看见了祖先和生命密码，**并**跟他们进行了跟本案有关也许是片面[1207]的对话。我相信若是当局再让我在这**个**暗无天日的牢房里呆上一段时间，我就**会**发现一切的生命秘密，这对我**来**说，未免太可怕，不如早些死掉。

我在牢房里呆到第十四日，行刑队**来**拉我去枪毙[1208]，我说：

"我就这么稀里糊涂[1209]死了？"

"**你**杀了人，不是认[1210]了？"

"是**啊**，但我还是不明白。"

"**你真蠢**[1211]，要杀，杀自己人，干么[1212]杀**外国佬**[1213]，该死。"

"确切说，不是我杀的。"

"谁？"

我把我对本案及生命和历史的重大发现，告诉他们。

他们再次哈哈大笑，笑我胆小鬼，临死[1214]就疯[1215]了，面对他们的哈哈大笑，我能说些什么呢？　他们把我押[1216]上刑车[1217]，就怪**声**怪调[1218]地喧叫[1219]着往郊外[1220]开，生怕我去刑场的路上太冷清[1221]，这当然是我的一厢情愿[1222]，实际上是向公

[1204] 来龙去脉：lái lóng qù mài 사건의 경위. 전후 관계의 연결. 인과 관계
[1205] 记起：jì qǐ 기억해 내다
[1206] 气功态：qì gōng tài 기공 상태
[1207] 片面：piàn miàn 편파적이다
[1208] 枪毙：qiāng bì 총살하다
[1209] 稀里糊涂：xī lǐ hú tú 제멋대로이다. 모호하다
[1210] 认：rèn 승인하다
[1211] 蠢：chǔn 어리석다
[1212] 干么：gàn me 왜
[1213] 外国佬：wài guó lǎo 외국인
[1214] 临死：lín sǐ 죽기 직전. 죽음에 이르다
[1215] 疯：fēng 미치다
[1216] 押：yā 붙잡고. 호송하다
[1217] 刑车：xíng chē 범인을 운송하는 차
[1218] 怪声怪调：guài shēng guài diào 이상한 소리와 이상한 말투
[1219] 喧叫：xuān jiào 큰 소리로 외치다
[1220] 郊外：jiāo wài 교외
[1221] 冷清：lěng qīng 한산하다
[1222] 一厢情愿：yī xiāng qíng yuàn 일방적인 소망

众发出警告：又一个罪犯押上刑场了。怪叫委实可怕[1223]，**没人敢回头看看。我转**头目光穿过**两**边的车窗，向我生活了四十二年的世界作最后的致意[1224]，街道**两**旁的房子消失了，我看见的是四十多年前父亲所看见的景象。田**园**荒芜[1225]，狼烟四起[1226]，尸首遍地[1227]，吃草的、喝血的都在奔逐[1228]，天空中充满了**扭**曲[1229]的呼**号**[1230]。我看见了在柏树围成的绿栅栏[1231]里边，在坟墓[1232]的中央，耸立着一座小小的阁**楼**，背后升起鲜艳的太阳，这**清**晨是感人肺腑[1233]的，母亲标致[1234]的**青**春正在阁**楼**凭窗远眺[1235]。道路向前伸展，车轮碾[1236]过迷惘[1237]的砂子[1238]，一阵欢**悦**[1239]的永恒[1240]的音乐，**随着阵阵和风**[1241]，忽地飘**来**，我知道父亲回**来**了。

剩下的就很简单，车到一片三角形荒地，不久一**声枪响**，我猝然倒下[1242]。然后有其中一**个**用权威的口气说出那么一句：这是命**运**。

[1223] 委实可怕: wěi shí kě pà 정말로 무섭다
[1224] 致意: zhì yì 호의를 보내다
[1225] 田园荒芜: tián yuán huāng wú 잡초가 우거진 전원. 전원이 묵히다
[1226] 狼烟四起: láng yān sìqǐ 사방에서 봉화가 일다
[1227] 尸首遍地: shī shǒu biàn dì 시체가 여기저기 있다
[1228] 奔逐: bēn zhú 급히 쫓다
[1229] 扭曲: niǔ qū 왜곡하다. 비틀(리)다
[1230] 呼号: hū háo 호소하다
[1231] 栅栏: zhà lán 울짱. 울타리
[1232] 坟墓: fén mù 무덤
[1233] 感人肺腑: gǎn rén fèi fǔ 깊은 감명을 주다
[1234] 标致: biāo zhì 참하다. 아름답다
[1235] 凭窗远眺: píng chuāng yuǎn tiào 창문에 기대여 멀리 바라보다
[1236] 碾: niǎn 고르게 하다. 평평하게 하다
[1237] 迷惘: mí wǎng 시비를 가리지 못하다. 정신을 차리지 못하다
[1238] 砂子: shā zi 모래
[1239] 欢悦: huān yuè 기쁘다. 즐겁다
[1240] 永恒: yǒng héng 영원히 변하지 않다
[1241] 和风: hé fēng 산들바람
[1242] 猝然倒下: cù rán dǎo xià 갑자기 쓰러지다

听 洪 素 手 弹 琴

东君

简介简介：

东君，原名郑晓泉，1974 年出生于浙江温州，曾就读于华东师范大学文艺评论与媒体文艺传播研究生班、鲁迅文学院第八届中青年作家高级研修班。近几年，若干文学作品曾在《人民文学》、《大家》、《花城》、《十月》、《收获》、《作家》等文学刊物上发表，并多次入选国内选刊与年度选本。曾获 2007 年度《上海文学》中篇小说奖、2008 浙江省青年文学之星奖、2009 年度西湖·中国新锐文学奖、2010 年度咖啡馆短篇小说奖、2011 年获第九届《十月》文学奖。

听 洪 素 手 弹 琴

东君

一

　　夏日的某个礼拜六[1243]，徐三白奉师命[1244]飞赴[1245]上海，看望师妹[1246]洪素手。徐三白的老师顾樵先生还特意[1247]让他带去了一张古琴[1248]。徐三白从飞机下来后，抬头[1249]望了一眼天上的白云，如堕梦里[1250]。脚已经落地[1251]，头还在云端[1252]悬[1253]着，有些恍惚[1254]。徐三白知道，自己一定是在飞机上睡醉[1255]了。有人多喝几杯酒会醉，有人多喝几盅[1256]茶也会醉，但徐三白跟别人不同，他醉了，是因为睡多了。睡多了，正如失眠，白天容易犯困[1257]，有一种醉意迷离[1258]的感觉。从北京飞到上海，也不过两小时，徐三白却感觉自己睡了两天两夜。因此，徐三白见到师妹洪素手时形同梦游[1259]。还说梦话，不知所云[1260]的梦话。洪素手问，顾先生可好？答，北京下了一场大雨。又问，什么时候到上海的？答，明晚。迷迷糊糊[1261]中，他住进了一家跟洪素手家相隔不远[1262]的宾馆。在那里，他睡了一天一夜，方始[1263]清醒[1264]过来。洪素手的电话也恰在此时打进来，说是请他一起吃饭。他望着窗外灰蒙蒙[1265]的天空问，是早餐还是晚餐？洪素手说，就算是[1266]晚上吃早餐吧。

[1243] 礼拜六：lǐ bài liù 토요일

[1244] 奉师命：fèng shī mìng 사부의 명령에 따라

[1245] 飞赴：fēi fù 날아가다

[1246] 师妹：shī mèi 동문 여자 후배

[1247] 特意：tè yì 특별히. 일부러

[1248] 古琴：gǔ qín 칠현금

[1249] 抬头：tái tóu 머리를 들다

[1250] 如堕梦里：rú duò mèng lǐ 마치 꿈속에 빠진 것 같다

[1251] 脚落地：jiǎo luò dì 발이 땅 바닥에 닿다

[1252] 云端：yún duān 구름속

[1253] 悬：xuán 걸다. 매달다. 드리우다

[1254] 恍惚：huǎng hū 흐리멍텅하다. 희미하다

[1255] 睡醉：shuì zuì 잠에 취하다

[1256] 盅：zhōng 손잡이가 없는 작은 잔

[1257] 犯困：fàn kùn 졸리다. 잠이 오다

[1258] 醉意迷离：zuì yì mí lí 취기가 몽롱하다

[1259] 形同梦游：xíng tóng mèng yóu 마치 몽유하다(잠을 자다가 자신도 모르게 일어나서 걷거나 어떤 행동을 하다)

[1260] 不知所云：bù zhī suǒ yún 무슨말을 하는지 모르다. 말이 논리정연하지 않고 불분명하다

[1261] 迷迷糊糊：mí mi hū hū 모호하다. 분명하지않다

[1262] 相隔不远：xiāng gé bù yuǎn 멀지가 않다

[1263] 方始：fāng shǐ ～이 되어서야. ～서야 비로소

[1264] 清醒：qīng xǐng (정신이)맑다. 분명하다

[1265] 灰蒙蒙：huī méng méng 어둑어둑하다

[1266] 算是：suàn shì (～라고)할 만하다. ～인 셈이다

吃过甜得发腻[1267]的上海菜，徐三白要请洪素手去对面[1268]一家"星巴克"喝咖啡。洪素手说自己不喜欢咖啡的味道，感觉有铁锈[1269]味。徐三白说，顾先生以前常说，弹古琴的人一定要学会喝咖啡。顾先生为什么要说那样的话？洪素手一直弄不明白[1270]。她对徐三白说，我来上海这么久，还没学会喝咖啡，所以，上海对我来说依旧是陌生[1271]的。徐三白见她没有这个雅兴[1272]，就送她回到公寓[1273]。那里是离地铁不远的一个小区，房子旧兮兮[1274]的，很容易让人想起黑白照片里的上海老民居。房间内陈设简朴[1275]，让徐三白感觉奇怪的是，墙壁上竟挂满了各式各样的蜘蛛侠[1276]玩具和图片[1277]。洪素手为什么会崇拜[1278]蜘蛛侠？他不明白。当他看到她那串钥匙的挂件[1279]也绘有蜘蛛侠图案时，他就明白了，她生活的世界也许是没有安全感的，蜘蛛侠挂件之于[1280]她，便等同于[1281]一种护身符[1282]了。

屋子小，显得有些闷热[1283]。洪素手建议徐三白到阳台[1284]上吹吹风[1285]。她们并肩[1286]站着，弹琴似的抚弄[1287]着栏杆[1288]，沉默了许久[1289]。对面是一幢银行大楼，大约有二十多层，高大的阴影[1290]铺[1291]得很大，有一种扑过来[1292]的气势[1293]。这个炎热[1294]的夜晚，小阳台上竟没有一丝风，好像风跟钱一样，也都存进银行大楼里面了。小阳台呈半圆形[1295]，铁铸[1296]的栏杆环护[1297]。他们从闷热的房间

[1267] 甜得发腻：tián de fān nì 너무 달아 느끼하다
[1268] 对面：duì miàn 맞은편. 정면
[1269] 铁锈：tiě xiù 녹슬다
[1270] 弄不明白：nòng bù míng bai 이해하지 못하다
[1271] 陌生：mò shēng 생소하다. 낯설다
[1272] 雅兴：yǎ xìng 고상한 취미
[1273] 公寓：gōng yù 아파트. 단체 기숙사
[1274] 旧兮兮：jiù xī xī 낡은. 오래된
[1275] 陈设简朴：chén shè jiǎn pǔ 소박한 장식품
[1276] 蜘蛛侠：zhī zhū xiá 스파이더 맨
[1277] 图片：tú piàn 사진
[1278] 崇拜：chóng bài 숭배하다
[1279] 挂件：guà jiàn (벽, 목 등에)걸 수 있는 장식(품). 장신구
[1280] 之于：zhī yú ～에 관해서. ～에 대하여
[1281] 等同于：děng tóng yú ～에 상당하다
[1282] 护身符：hù shēn fú 부적. 옹호자
[1283] 闷热：mēn rè 무덥다. 후덥지근하다
[1284] 阳台：yáng tái 베란다
[1285] 吹风：chuī fēng 바람이 불다
[1286] 并肩：bìng jiān 어깨를 나란히 하다. 협동하다
[1287] 抚弄：fǔ nòng 어루만지다. 쓰다듬다
[1288] 栏杆：lán gān 난간
[1289] 许久：xǔ jiǔ 오랜시간
[1290] 阴影：yīn yǐng 그림자
[1291] 铺：pū 펴다. 늘이다
[1292] 扑过来：pū guò lái 덤벼들다
[1293] 气势：qì shì (사람 또는 사물의)기세
[1294] 炎热：yán rè (날씨가)무덥다. 찌는 듯하다
[1295] 呈半圆形：chéng bàn yuán xíng 반달모양을 이루다
[1296] 铁铸：tiě zhù 철로 주조하다
[1297] 环护：huán hù 사방(주위)를 보호하다(지키다)

里走出来，仅仅是想透口气[1298]。似乎也没有兴致[1299]去关注[1300]今晚的月亮是圆还是缺[1301]。

　　徐三白说，自从你走了之后，顾先生常常坐在你坐过的那个琴房里，一言不发[1302]。有一回，我们给先生做七十大寿[1303]，先生望着满堂弟子[1304]，忽然说了一句，好久没听洪素手弹琴了。

　　洪素手说，时间过去这么久了，我也不再抱怨[1305]先生了，他老人家近来身体可好？

　　徐三白说，除了血压[1306]有点高，先生的身体一直很好。先生的琴馆扩张[1307]了之后，前阵子[1308]又招收了一批学生。先生盼着你回去，当他的助教[1309]呢。

　　洪素手沉默不语[1310]。她的手指还在栏杆上无意识[1311]地弹着。

　　徐三白问，回到南方后，还有没有弹琴？

　　洪素手说，带了一张琴，但一直没弹。北方天气干燥[1312]，到了南方，琴声就有些发闷[1313]，所以，也就没有心思[1314]弹琴了。我现在是一家公司的打字员[1315]，同事[1316]们都夸[1317]我不仅打字速度快，手势也很好看，我没敢告诉他们我是学过琴的，怕污了先生的名声[1318]。

　　徐三白说，顾先生一直很惦念[1319]你，这一次，他特地让我带来了一张古琴。

　　洪素手说，我现在成天[1320]都在触摸键盘[1321]，连琴弦[1322]都没碰[1323]过了，重新拾弦[1324]，怕是手生[1325]了。

[1298] 透口气: tòu kǒu qì 신선한 공기를 마시다
[1299] 兴致: xìng zhì 재미. 취미
[1300] 关注: guān zhù 주시하다. 관심을 가지다
[1301] 圆缺: yuán quē (달의) 차고 이지러짐
[1302] 一言不发: yī yán bù fā 한 마디도 하지 않다
[1303] 七十大寿: qī shí dà shòu 칠순잔치
[1304] 满堂弟子: mǎn táng dì zǐ 대청(넓은 방 · 홀) 안에 제자 (문하생. 학생)이 가득하다
[1305] 抱怨: bào yuàn (불만을 품고)원망하다
[1306] 血压: xuè yā 혈압
[1307] 扩张: kuò zhāng (혈관이)확장되다
[1308] 前阵子: qián zhèn zi 방금 전
[1309] 助教: zhù jiào 조교
[1310] 沉默不语: chén mò bù yǔ 덤덤하다. 말수가 적다
[1311] 无意识: wú yì shi 무의식의
[1312] 干燥: gān zào 건조하다
[1313] 发闷: fā mēn 답답하다. 갑갑하다
[1314] 没有心思: méi yǒu xīn si ~할 기분이 아니다. 일손이 잡히지 않는다
[1315] 打字员: dǎ zì yuán 타자수
[1316] 同事: tóng shì 동료
[1317] 夸: kuā 칭찬하다. 과장하다
[1318] 污名声: wū míng shēng 명성을 흐리다
[1319] 惦念: diàn niàn 늘 생각하다. 염려하다
[1320] 成天: chéng tiān 하루종일. 온종일
[1321] 触摸键盘: chù mō jiàn pán 건반을 만지다
[1322] 琴弦: qín xián 악기줄
[1323] 碰: pèng 부딪치다. 만지다. 건드리다
[1324] 拾弦: shí xián 악기를 만지다. 악기를 다루다
[1325] 手生: shǒu shēng 서툴다. 생소하다

　　徐三白说，这张古代琴是有来头[1326]的，先生说它有三百多年的历史了，是民间野斫[1327]，但铭文[1328]模糊不清[1329]，也不晓得[1330]出自哪位斫琴师傅[1331]之手[1332]。先生说，这样的琴纯用手工[1333]，大约要花两年多时间才能做成。先生花了很长时间才把它修补[1334]了一遍。

　　洪素手的双手突然不动了，月光下，仿佛柔软[1335]的枝条[1336]。她久久地凝视[1337]着自己的手指[1338]，不说话。

二

　　因为手指纤长[1339]，洪素手十六岁时，父亲送她去顾樵先生的亦樵山馆学琴。洪素手打小[1340]就患有[1341]孤癖症[1342]，不爱说话，但喜欢抚琴[1343]。琴人当中流行这么一种说法：古琴难学易忘[1344]不中听[1345]。可洪素手喜欢的恰恰就这些特性[1346]。因为不中听，所以无人听，这样不是更合心意[1347]么？一个人静静地弹着，就像是自言自语[1348]。有一天，洪素手弹完一曲，顾樵先生忽然流下了泪水。顾樵先生对别的弟子说，我已经找到了传人[1349]，可以死了。顾樵先生当然没死，而且活得很好。洪素手在顾先生家学琴，只在顾先生家弹琴，挪[1350]个地方，她就弹不了。而且，换了一张别些斫琴手做的琴，她也不能弹。洪素手弹琴，只给先生或自己听。外边人有来了，她立马[1351]警觉[1352]，又不弹了。顾先生说她弹琴跟蚕吐丝[1353]一般，听到人声就会中断[1354]。

[1326] 有来头: yǒu lái tou 배경이 보통이 아니

[1327] 民间 野斫: mín jiān yě zhuó 민가에서 만들다

[1328] 铭文: míng wén 명문

[1329] 模糊不清: mó hu bù qīng 뚜렷하지 않다

[1330] 不晓得: bù xiǎo de 이해하지 못하다

[1331] 斫琴师傅: zhuó qín shī fù 악기를 만드는 사부

[1332] 出自…之手: chū zì…zhī shǒu ~손에서~나오나

[1333] 纯用手工: chún yòng shǒu gōng 모두 수공업으로 제작

[1334] 修补: xiū bǔ 수리하고 보충하다

[1335] 柔软: róu ruǎn 유연하다. 부드럽고 연하다

[1336] 枝条: zhī tiáo (나뭇)가지

[1337] 凝视: níng shì 주목하다. 눈여겨 보다

[1338] 手指: shǒu zhǐ 손가락

[1339] 纤长: xiān cháng 가늘고 길다

[1340] 打小: dǎ xiǎo 어릴적부터

[1341] 患有: huàn yǒu ~병을 앓고 있다

[1342] 孤癖症: gū pǐ zhèng 홀로 있기 좋아하고 다른 사람과 어울리지 않는 심리 상태

[1343] 抚琴: fǔ qín 가야금을 타다

[1344] 难学易忘: nán xué yì wàng 배우기는 어렵고 잊어 먹기는 쉽다

[1345] 不中听: bù zhòng tīng 듣기 좋지 않다. 귀에 거슬리다

[1346] 特性: tè xìng 특성

[1347] 合心意: hé xīn yì 마음에 들다

[1348] 自言自语: zì yán zì yǔ 중얼거리다. 혼잣말하다

[1349] 传人: chuán rén 후계자

[1350] 挪: nuó 옮기다

[1351] 立马: lì mǎ 곧. 즉시

[1352] 警觉: jǐng jué 각성하다. 깨닫다

[1353] 蚕吐丝: cán tǔ sī 누에가 실을 뽑는다

59

顾樵先生常常叹息[1355]：我弹琴的技艺已经有了传人，但斫琴的手艺[1356]却找不到一个合适的传人。顾先生不但会弹琴，还会斫琴。他干这门手艺活[1357]比学琴还早，向来是一丝不苟[1358]的。是敬业[1359]，也是敬己[1360]。其实也不是敬己，是敬那位传授[1361]制琴[1362]手艺的师傅。顾先生常说，我把师傅的手艺活学到家[1363]了，师傅的脸上就有光[1364]；徒弟当中，有谁把我手艺活学到家了，我的脸上同样有光。

有一天，大木师傅老徐和他的儿子拉来了一卡车[1365]废弃[1366]的木头。这些木头都是刚刚从一座古庙[1367]拆卸[1368]下来的。木头老了旧了，不堪大用[1369]，但老徐知道，斫琴的顾先生恰恰喜欢这类木头。老徐让小徐把木头搬下来，放在亦樵山馆门前的院子里。请顾樵先生挑选[1370]。斫琴的木头与腊梅[1371]、黄酒[1372]一样，都是越老越好。顾樵先生挑了一块老木头，在木板上划拉了一下，说，不好，都见粉末[1373]了，太老了。又换了一根，敲了敲，说，这是木梢[1374]的那一截[1375]吧，也不好，用它做琴声音容易飘[1376]。顾樵先生看年轮[1377]、看硬度[1378]，挑了许久，才挑出两块香椿木[1379]。老徐又抽出[1380]几块木板说，这几块梓木[1381]是从坟[1382]里刨出来[1383]的，吸足[1384]了阴气，正适合做琴底[1385]。顾

[1354] 中断: zhōng duàn 중단하다. 끊기다

[1355] 叹息: tàn xī 탄식하다

[1356] 手艺: shǒu yì 솜씨

[1357] 干活: gàn huó (육체적)노동을 하다. 일하다

[1358] 一丝不苟: yī sī bù gǒu (일을 함에 있어서) 조금도 소홀히 하지 않다. 조금도 빈틈이 없다

[1359] 敬业: jìng yè 자기의 일에 최선을 다하다. 직업 의식이 투철하다

[1360] 敬己: jìng jǐ 자신을 존중하다

[1361] 传授: chuán shòu (학문·기예 등을 다른 사람에게) 전수하다. 가르치다

[1362] 制琴: zhì qín 악기 제작

[1363] 学到家: xué dào jiā 배워 익히다. 다 배워 가지다

[1364] 脸上有光: liǎn shàng yǒug uāng 얼굴에 윤기가 있다

[1365] 卡车: kǎ chē 트럭

[1366] 废弃: fèi qì 폐기하다

[1367] 古庙: gǔ miào 고찰

[1368] 拆卸: chāi xiè (기계 등을) 분해하다. 해체하다

[1369] 不堪大用: bù kān dà yòng 크게 사용하지 못한다

[1370] 挑选: tiāo xuǎn 고르다. 선발하다

[1371] 腊梅: là méi (식물)매화

[1372] 黄酒: huáng jiǔ 황주(차조·쌀·수수 등을 주원료로 하여 만든 누런 색깔의 알콜 도수가 낮은 술)

[1373] 粉末: fěn mò 가루. 분말

[1374] 木梢: mù shāo 나무(의) 끝

[1375] 一截: yī jié 일부분

[1376] 飘: piāo (바람에) 나부끼다. 펄럭이다

[1377] 年轮: nián lún (식물의) 나이테. 연륜

[1378] 硬度: yìng dù 경도. 굳기

[1379] 香椿木: xiāng chūn mù 참죽나무

[1380] 抽出: chōu chū 빼다

[1381] 梓木: zǐ mù 개오동 나무

[1382] 坟: fén 무덤

[1383] 刨出来: páo chū lai 파 내다

[1384] 吸足: xī zú 넉넉히 흡수하다

[1385] 琴底: qín dǐ 악기 밑 바닥

先生摸了摸说，不错，不错，可惜[1386]的是返阳[1387]的时间还不够，要再放几年。老徐说，你不买的话我就给别人。顾先生怕夜长梦多[1388]，就说，我先买下了。老徐跟顾先生谈价钱[1389]的时候，小徐猛然听到了屋子里传来幽细[1390]的琴声。他绕过[1391]一条走廊[1392]，在一个窗口坐了下来。

老徐跟顾先生结了账[1393]，回头找小徐，发现他竟坐在窗口发痴[1394]，就笑呵呵[1395]地对顾先生说，我儿子听醉了，你现在拉他也不走。

顾先生问，你儿子叫什么名字？

老徐说，叫徐三白。老徐喊了几声"三白"。徐三白也没应声[1396]。

顾先生说，他既然不想走，你就让他留下，我收他为徒[1397]。

老徐听了，面露喜色[1398]，从口袋[1399]里掏出钱来，说，既然这样，我就不收你买木头的钱了。

从此，老徐每当碰到老房子拆迁[1400]，或是古墓被盗[1401]棺材[1402]弃置[1403]荒野[1404]，就会兴冲冲[1405]地跑过去看。那些木头也不管小大精粗[1406]，远近久暂[1407]，都送过来给顾先生挑选，价钱要比市场上便宜得多。

顾先生先教徐三白的，不是弹琴，而是斫琴。一开始，顾先生也没有正式教他斫琴的原理，只是让他每天去山里听流水潺潺[1408]的声音。徐三白枕[1409]着石头，听细水长流[1410]，不觉间[1411]又醉

[1386] 可惜: kě xī 섭섭하다. 아쉽다

[1387] **返阳**: fǎn yáng 양지로 돌아오다

[1388] 夜长梦多: yè cháng mèng duō 일을 오래 끌면 문제가 생기게 마련이다

[1389] 谈价钱: tán jià qian 가격 협상

[1390] 幽细: yōu xì 매우 가늘다

[1391] 绕过: rào guò 돌다

[1392] 走廊: zǒu láng 복도. 회랑

[1393] 结账: jié zhàng 계산하다. 결산하다

[1394] 发痴: fā chī 멍해지다. 어리둥절해하다

[1395] 笑呵呵: xiào hē hē 내심 기뻐서 웃음을 터뜨리는 모양. 허허 웃다

[1396] 应声: yīng shēng 대답하다. 응답하다

[1397] 收他为徒: shōu tā wèi tú 그를 제자로 삼다

[1398] 面露喜色: miàn lù xǐ sè 얼굴에 희색(기뻐하는 표정)이 띠다

[1399] 口袋: kǒu dai 주머니

[1400] 拆迁: chāi qiān 집을 철거하고 이주하다

[1401] 古墓被盗: gǔ mù bèi dào 왕릉이 도난 당하다

[1402] 棺材: guān cai 관

[1403] 弃置: qì zhì 방치하다

[1404] 荒野: huāng yě 황량한 들판

[1405] 兴冲冲: xìng chōng chōng 신바람 나다. 기분이 매우 좋다

[1406] 小大精粗: xiǎo dà jīng cū 따지지 않고 모든 것 (작은지 큰지 따지지 않고 거친지 정밀한지)를 따지지 않고

[1407] 远近久暂: yuǎn jìn jiǔ zàn 따지지 않고 모든 것 (먼 곳이든 가까운 곳이든 따지지 않고 오래된 것이든 방금 된 것인이든 따지지 않고)

[1408] 流水潺潺: liú shuǐ chán chán 졸졸 흐르는 물

[1409] 枕: zhěn 베개

[1410] 细水长流: xì shuǐ cháng liú 작은 힘이라도 일을 끈기 있게 해 나가면 효과가 있다.

[1411] 不觉间: bù jué jiān 무의식간에

了。徐三白从山上下来，顾先生对他说，琴和水在本质是一样的。一张好的琴放在那里，你感觉它是流动[1412]的。琴有九德[1413]，跟水有很大的关系。你把水的道理琢磨透[1414]了，才可以斫琴。

顾先生还说，他的师傅听了一夜的檐雨[1415]，第二天就动手[1416]斫琴。他手中弹的这张百衲琴[1417]就是师傅亲手所斫的。言语之间，顾先生很敬重他的师傅。

徐三白跟随父亲学过几年大木，知道哪些木头松透[1418]，可做琴材。所以，在如何辨材[1419]、用材上他大可以不必花太多时间，而是直接跟随师傅学斫琴的手艺。刀斧之类[1420]，原本就被他驯服[1421]得妥贴[1422]了，顾先生让他打下手[1423]，他往往能应心得手[1424]。斫琴是细工慢活[1425]，会把急性子[1426]磨成[1427]慢性子。慢下来了，技艺[1428]就精进[1429]了。一年后，他在师傅的精心指点[1430]下，给洪素手做了一张琴，琴声不散不浮[1431]，也能入木[1432]。顾先生说他果然没看走眼[1433]，这斫琴传人像是平白拣得[1434]的。

一天中午，洪素手留在顾先生家吃饭。吃着吃着她就哭了，大滴大滴的泪珠[1435]落进碗[1436]里。徐三白半开玩笑[1437]半认真地问她，你为什么哭了？是不是嫌[1438]菜不够咸[1439]还要加点盐[1440]水？洪

[1412] 流动: liú dòng 흐르다

[1413] 德: dé 덕

[1414] 琢磨透: zhuó mó tòu 깊이 생각하여 도가 트다. 사색하여 깨닫다

[1415] 檐雨: yán yǔ 처마밑에서 떨어지는 빗방울

[1416] 动手: dòng shǒu 시작하다. 손을 대다

[1417] 百衲琴: bǎi nà qín 백납금(악기의 이름)

[1418] 松透: sōng tòu 송진이 끝까지 스며들다

[1419] 辨材: biàn cái 자재의 우열을 분별하다

[1420] 刀斧之类: dāo fǔ zhī lèi 칼 도끼 등 종류

[1421] 驯服: xùn fú 길들이다. 순종케 하다. 말을 듣게 하다

[1422] 妥贴: tuǒ tiē 매우 알맞다. 매우 적당

[1423] 打下手: dǎ xià shǒu 조수 노릇을 하다. 보조적인 일을 하다

[1424] 应心得手: yīng xīn dé shǒu 마음먹은 대로 되다. 순조롭게 처리하다

[1425] 细工慢活: xì gōng màn huó 섬세한 일이여서 시간이 많이 든다

[1426] 急性子: jí xìng zi 급한 성격

[1427] 磨成: mó chéng 갈아 만들다

[1428] 技艺: jì yì 기예. 기교

[1429] 精进: jīng jìn 정진하다. 힘써 나아가다

[1430] 精心指点: jīng xīn zhǐ diǎn 열심히 가르치다

[1431] 不散不浮: bù sǎn bù fú 흩어지지도 않고 뜨지도 않고

[1432] 入木: rù mù "入木三分"의 줄인 말로 견해가 날카롭거나 관찰력이 예리하다를 나타낸다. 여기서는 소리가 제법 훌륭하다고 비유한 것이다

[1433] 看走眼: kàn zǒu yǎn 잘못 보다. 눈이 삐다

[1434] 平白拣得: píng bái jiǎn de 그냥 주은것

[1435] 泪珠: lèi zhū 눈물 방울

[1436] 碗: wǎn 그릇. 공기

[1437] 开玩笑: kāi wán xiào 농담하다. 웃기다

[1438] 嫌: xián 불만스럽게 생각하다

[1439] 不够咸: bù gòu xián 짠 맛이 모자라다

[1440] 盐: yán 소금

素手显然没有兴致[1441]听他打趣[1442]，撂下[1443]了饭碗，来到琴房，弹了一曲。徐三白也随后[1444]过去了，看她手势[1445]，就知道她在弹什么曲子。听完，徐三白压低声音[1446]问，好像是谁过世[1447]了吧？洪素手说，刚刚有人从医院打来电话，说我爸爸快要死了。徐三白问，既然你父亲快要走了，为什么还不急着赶回去见上最后一面？洪素手说，爸爸不希望我在他临终[1448]前陪伴[1449]身边，他说自己生这种病，死相一定是很难看的。他怕吓着了我，又会像上一回母亲去世后那样，让我做了很长时间的恶梦[1450]。可是，真正到了临终之时，爸爸又对身边那些替[1451]他安排后事[1452]的工友[1453]说，他其实很想见我最后一面，但他最后还是很决绝[1454]地说，不见，不见，等他死后，入殓师[1455]给他化好了妆[1456]，再让我们父女俩见上最后一面。

很快，医院里又打来了一个电话，说她父亲已经走了。她放下电话后脸上没有一点表情，目光似看非看[1457]。她在房间来回走动着，然后就在琴桌前坐下。对她来说，父亲之死其实是母亲之死的延续[1458]，也是记忆中不能抹去[1459]的一种悲伤的延续。此时，唯有琴声能给她带来慰藉[1460]。让徐三白奇怪的是，她抚琴时，脸上竟没有一丝[1461]悲色[1462]。在她手中，琴就仿佛冬日的暖具[1463]，让冰凉的双手一点点温热[1464]起来。手指[1465]间拢[1466]着的一团暖气[1467]，久久不散[1468]，那里面似藏

[1441] 没有兴致: méi yǒu xìng zhì 재미없다

[1442] 打趣: dǎ qù 놀리다. 골려 주다

[1443] 撂下: liào xia 내려놓다

[1444] 随后: suí hòu 뒤따라. 이어서

[1445] 手势: shǒu shì 손짓. 손동작

[1446] 压低声音: yā dī shēng yīn 목소리를 낮추다

[1447] 过世: guò shì 죽다. 돌아가시다

[1448] 临终: lín zhōng 죽을 때가 되다. 임종

[1449] 陪伴: péi bàn 짝이 되다. 함께 하다. 같이 있다

[1450] 恶梦: è mèng 악몽

[1451] 替: tì 대신하다. ~을 (를)위하여

[1452] 安排后事: ān pái hòu shì 사후의 뒤처리를 준비하다

[1453] 工友: gōng yǒu 일꾼. 노동자. 근로자 동료

[1454] 决绝: jué jué 단호히 거절하다. 단절하다

[1455] 入殓师: rù liàn shī 입관을 책임진 자

[1456] 化妆: huà zhuāng 화장하다

[1457] 似看非看: sì kàn fēi kàn 보는 둥 마는 둥

[1458] 延续: yán xù 계속하다. 지속하다

[1459] 抹去: mǒ qù 지워 버리다

[1460] 慰藉: wèi jiè 위로하다. 위안하다

[1461] 一丝: yī sī 한 오라기. 한 가닥. 조금

[1462] 悲色: bēi sè 슬픈 기색

[1463] 暖具: nuǎn jù 난방기구. 난로

[1464] 温热: wēn rè 따뜻하다. 뜨겁다

[1465] 手指: shǒu zhǐ 손가락

[1466] 拢: lǒng (흩어진 것을) 한데 모으다

[1467] 暖气: nuǎn qì 라디에이터(radiator). 방열기

[1468] 久久不散: jiǔ jiǔ bú sàn 오랫동안 흩어지지 않다

[1469]着一种被人们称为[1470]亲情[1471]的东西。徐三白就那样看着她的手，仿佛眼睛不是用来看的，而是用来倾听[1472]的。慢慢地，他就出现了醉意[1473]。"醒"来时，他已是泪流满面[1474]了。

那时，顾先生也立在门外[1475]，久久不能平静。顾先生事后对徐三白说，这才是古琴的正味[1476]啊，她会弹的曲子没有我多，但弹这个曲子的技艺已经在我之上[1477]了。顾先生又说，洪素手之所以弹出这么好的曲子来，是因为她没有失去自己的本心[1478]。徐三白问顾先生，什么叫本心？顾先生说，譬如[1479]一张好的古琴，不是靠手斫出来的，而是本心所授[1480]。这话又把刚刚清醒过来的徐三白说糊涂[1481]了。

父亲去世后，洪素手试着去找一份能养活[1482]自己的工作。她在人才网上找了一家合意[1483]的公司，下载[1484]了一份简历[1485]，其中一栏[1486]要填写[1487]特长[1488]，洪素手顺手[1489]填上：弹古琴。简历投过去后，那家公司的人力资源部经理很快就作了如是回复[1490]：我们公司现在需要的是一名会打字的文员[1491]，而不是会弹古琴的人。洪素手又继续在网上找了几家，但结果都是一样：高不成，低不就[1492]。顾先生知道她的境况[1493]后，就让她搬过来居住[1494]。他膝下无子[1495]，因此就把她当女儿一般看待[1496]。自此，洪素手就安心在山馆练琴。她很少出门，身上几乎没有一点尘土气息[1497]。

[1469] 藏：cáng 숨기다. 감추다. 창고

[1470] 被…称为：bèi…chēng wéi ùī ~라고 불리다

[1471] 亲情：qīn qíng 혈육간의 정

[1472] 倾听：qīng tīng 경청하다

[1473] 醉意：zuì yì 술 기운

[1474] 泪流满面：lèi liú mǎn miàn 눈물이 앞을 가리다

[1475] 立在门外：lì zài mén wài 문밖에 서있다

[1476] 正味：zhèng wèi 정통맛

[1477] 在我之上：zài wǒ zhī shàng 나보다 위이다. 나보다 낫다

[1478] 本心：běn xīn 본심. 본의

[1479] 譬如：pì rú 예를 들다

[1480] 本心所授：běn xīn suǒ shòu 마음에서 우러나오다

[1481] 糊涂：hú tu 혼란하다. 흐릿하다

[1482] 养活：yǎng huo 부양하다. 먹여 살리다

[1483] 合意：hé yì 마음에 들다. 마음에 맞다

[1484] 下载：xià zài (컴퓨터)다운로드하다

[1485] 简历：jiǎn lì 약력

[1486] 一栏：yī lán 한 칸

[1487] 填写：tián xiě (일정한 양식에) 써 넣다. 기입하다

[1488] 特长：tè cháng 특기. 장기

[1489] 顺手：shùn shǒu 손이 가는 대로, (도구 등이 사용하기에) 편리하다

[1490] 如是回复：rú shì huí fù 이러한 답변을 하다

[1491] 文员：wén yuán 문서 담당 직원

[1492] 高不成，低不就：gāo bù chéng, dī bú jiù 높은 것은 바라볼 수 없고, 낮은 것은 눈에 차지 않다

[1493] 境况：jìng kuàng 형편. 상황

[1494] 居住：jū zhù 거주하다

[1495] 膝下无子：xī xià wú zǐ 슬하에 자식이 없다

[1496] 看待：kàn dài 대(우)하다. 다루다

[1497] 尘土气息：chén tǔ qì xī 속세 정취

　　顾先生跟洪素手不同，他常常抱琴外出献艺[1498]。最常去的地方是唐书记家。唐书记是退休多年[1499]的老书记[1500]了，喜欢听琴。每隔三天，他就请顾先生过来弹琴。一个小时两百元。因此，顾先生就像是唐书记家的清客[1501]。唐书记耳朵有些背[1502]，顾先生就在琴上换上了一种钢丝[1503]，这样弹出来的音色[1504]更亮。唐书记每回都要听满一个小时。到时间了，即便是一曲未了[1505]，他也要举起手来，说一声：好。唐书记说好，不是琴弹得好，好，就是时间到了。唐书记听完琴，就请顾先生喝一杯茶，聊会儿天[1506]。但喝茶聊天是不计费[1507]的。因此，他们之间原本绷紧[1508]的弦可以松开[1509]了。顾先生是那种有六朝名士[1510]气质[1511]的琴师，而唐书记呢，是那种满口官腔[1512]的俗子[1513]，按理说[1514]，他们俩人不能成为好朋友，可顾先生还是把唐书记当成了自己的知音[1515]。

　　琴之为物[1516]，对道士来说，是道器[1517]，对和尚来说，是法器[1518]，对顾先生来说，当然是乐器，但在唐书记眼中，琴就是一种医疗保健[1519]用品[1520]。唐书记患有老年抑郁症[1521]，医生建议他闲时[1522]多听琴，这样既可悦耳[1523]，又可悦心[1524]，能起到很好的心灵按摩[1525]作用[1526]。起初[1527]他买了几盒古筝[1528]的光盘[1529]，听着听着就睡着了。后来有一回，他在公园的荷塘边[1530]偶尔听到顾先生弹琴，就

[1498] 外出献艺: wài chū xiàn yì 재주(기예)를 보여주러 나가다
[1499] 退休多年: tuì xiū duō nián 퇴직한지 오래 되었다
[1500] 书记: shū ji 서기(공산당·청년단 등 각급 조직의 책임자)
[1501] 清客: qīng kè 문객. 식객
[1502] 耳朵背: ěr duo bèi 가는 귀 먹다
[1503] 钢丝: gāng sī (강철의) 철사. 강선
[1504] 音色: yīn sè 음색
[1505] 未了: wèi liǎo 아직 끝나지 않다. 아직 마치지 못하다
[1506] 聊天: liáo tiān 잡담. 한담
[1507] 计费: jì fèi 비용을 계산하다
[1508] 绷紧: bēng jǐn 팽팽하게 당기다. 긴장하다
[1509] 松开: sōng kāi 풀어지다. 늦추다
[1510] 名士: míng shì 이름난 선비
[1511] 气质: qì zhì 기질. 성격
[1512] 满口官腔: mǎn kǒu guān qiāng 말끝마다 사무적인 말투
[1513] 俗子: sú zǐ 속인. 속세의 사람
[1514] 按理说: àn lǐ shuō 원칙대로라면
[1515] 知音: zhī yīn 서로 마음이 통하는 친한 벗
[1516] 琴之为物: qín zhī wéi wù 악기란 물건은
[1517] 道器: dào qì 도기 (도교에 쓰이는 기구)
[1518] 法器: fǎ qì (승려나 도사가 종교 의식에 쓰는 인경·법고·징·바라·목어 등의) 법기. 불구
[1519] 医疗保健: yī liáo bǎo jiàn 의료 보건
[1520] 用品: yòng pǐn 용품
[1521] 抑郁症: yì yù zhèng 우울증
[1522] 闲时: xián shí 한가한 때
[1523] 悦耳: yuè ěr 듣기 좋다
[1524] 悦心: yuè xīn 마음이 즐겁다
[1525] 心灵按摩: xīn líng ān mó 영혼을 어루만지다
[1526] 起…作用: qǐ…zuò yòng ~작용을 하다
[1527] 起初: qǐ chū 처음. 최초
[1528] 古筝: gǔ zhēng (음악)쟁
[1529] 光盘: guāng pán 시디(cd)

感觉古琴比古筝更能让人入静[1531]，喜欢上了，就请顾先生到他家中来弹奏。从此，顾先生就成了唐书记家的常客。奇怪的是，没过多久[1532]唐书记的血压居然下降了，心率[1533]也齐[1534]了，脾气[1535]也温顺[1536]了。

　　后来，唐书记的耳朵差不多[1537]聋掉[1538]了，但他还是请顾先生过来弹琴。对唐书记来说，弹什么并不很重要。他要的是有一个人坐在对面抚琴，就像是把他内心的的皱褶[1539]一点点抚平[1540]。

　　弹琴过后照例[1541]是谈话。唐书记常常在顾先生面前说起自己的儿子。

　　唐书记的儿子一直在北京和纽约[1542]两地做生意[1543]。什么生意？好像是什么赚钱[1544]就做什么。因为有闲钱[1545]，也喜欢收藏[1546]有些年头[1547]的东西。生意人的生意经，顾先生也没兴致[1548]听，但唐书记讲得津津有味[1549]。唐书记讲什么并不重要，重要的是他在听，或者装出在听的样子[1550]。毕竟，弹完琴，拿了人家的钱，不能急急离去。这样很不礼貌。

　　有一回，唐书记在儿子家急着出恭[1551]，顺手[1552]从一张八仙桌[1553]上扯[1554]了一张黄纸。坐下后，把黄纸展开[1555]，才发现是一份古代的琴谱[1556]。他立即给顾先生发了一个手机短信[1557]。顾先生过来，浏览[1558]了一遍，琴谱下面有琴家的全名款[1559]和创作年月，因此可以确定，这是明代的一份野谱[1560]。

[1530] 荷塘边: hé táng biān 연못가

[1531] 入静: rù jìng 무념무상의 경지에 다다르다

[1532] 没过多久: méi guò duō jiǔ 얼마 지나지 않아

[1533] 心率: xīn lù 심장박동율

[1534] 齐: qí 같다. 일치하다

[1535] 脾气: pí qi 성격. 성질

[1536] 温顺: wēn shùn 온순하다

[1537] 差不多: chà bu duō 거의

[1538] 聋掉: lóng diào 귀가 먹어 버리다

[1539] 皱褶: zhòu zhě 주름(살)

[1540] 抚平: fǔ píng 어루 만져 피다

[1541] 照例: zhào lì 관례에 따라. 예전대로 하여

[1542] 纽约: Niǔ yuē 뉴욕(New York)

[1543] 生意: shēng yì 장사

[1544] 赚钱: zhuàn qián 돈 벌다

[1545] 闲钱: xián qián 잠시 방치해 둔 돈. 여윳돈

[1546] 收藏: shōu cáng 보관하다. 보존하다

[1547] 年头: nián tóu 연초

[1548] 兴致: xìng zhì 재미. 흥취

[1549] 津津有味: jīn jīn yǒu wèi 흥미진진하다

[1550] 装出…样子: zhuāng chū …yàng zi ~체 하다. ~하는 시늉을 하고 있다

[1551] 出恭: chū gōng 대변을 보다

[1552] 顺手: shùn shǒu 손이 가는대로

[1553] 八仙桌: bā xiān zhuō 큰 (사각)상. (한쪽마다 2명씩 앉을 수 있는 사각형의) 팔선상

[1554] 扯: chě 찢다. 뜯다

[1555] 展开: zhǎn kāi 펴다. 펼치다

[1556] 谱: pǔ 악보

[1557] 发短信: fā duǎn xìn 문자메세지 보내다

[1558] 浏览: liú lǎn 대충(대강) 훑어보다. 대강 둘러보다

[1559] 名款: míng kuǎn (서화에 쓰는) 서명 또는 낙관

[1560] 野谱: yě pǔ 민간 악보

顾先生似乎还知道这位琴家是哪门哪派[1561]的，欢喜得手指都发抖[1562]了，立马[1563]坐下来打谱[1564]，打了一段，发现减字谱[1565]里有许多空白，需要花大量时间细细参悟[1566]，慢慢吟味[1567]。于是站起来，热泪盈眶[1568]地说，我打不下去了。唐书记耳背，听不分明[1569]，也不晓得[1570]他为什么会忽然停手。顾先生在纸上写了一行字：此乃[1571]高人所作[1572]。唐书记一看，就立马明白，让人给远在纽约的儿子打了一个电话，征得儿子同意[1573]后，他十分豪爽[1574]地把这份野谱送给了顾先生。顾先生后来逢人[1575]就提起[1576]他与唐书记的这段交情[1577]。仿佛高山流水[1578]，可以长久的。

　　有一天，顾先生从唐书记家回来，路上遇到了一个极不想见的人。此人就是阿莲嫂。出于礼貌[1579]，顾先生只是微微点头[1580]，也不作声[1581]，但阿莲嫂的脸上却分明浮现[1582]出讨好[1583]的笑意。顾先生正要掏出[1584]钥匙开门时，阿莲嫂怯生生[1585]地问了一声，阿渠，能否借个地方说几句？没喊名字，而是叫"阿渠"。阿渠是方言，通常称呼那些同辈人[1586]。来京几十年，阿莲嫂仍然不改乡音[1587]，一句"阿渠"，让顾先生反倒觉着有亲眷[1588]气。顾先生当然晓得她是在跟自己说话，但他还是下意识[1589]地扫[1590]了一圈四周，见身边没人，就说，好，进里屋谈吧。顾先生放下琴盒，请嫂子[1591]就坐[1592]。阿莲嫂说，自从你哥去世后，我是二十多年没踏[1593]过你家一步。虽说是隔[1594]了一道墙，

[1561] 哪门哪派: nǎ mén nǎ pài 족보에서 어느 문파에 속하는가

[1562] 发抖: fā dǒu (벌벌 · 부들부들 · 달달) 떨다. 떨리다

[1563] 立马: lì mǎ 곧. 즉시

[1564] 打谱: dǎ pǔ 악보를 따져 보면서 다시 정리하다

[1565] 减字谱: jiǎn zì pǔ 중국 고대에서 사용하던 악보

[1566] 参悟: cān wù 참선하여 깨닫다. 깊이 깨닫다

[1567] 吟味: yín wèi 음미하다

[1568] 热泪盈眶: rè lèi yíng kuàng 매우 감격하여 눈물이 눈에 그렁그렁하다

[1569] 听不分明: tīng bù fēn míng 분명하게 듣지 못하다

[1570] 不晓得: bù xiǎo de 이해하지 못하다

[1571] 此乃: cǐ nǎi 이것이야 말로 바로 ~이다

[1572] 高人所作: gāo rén suǒ zuò 달인의 소행

[1573] 征得同意: zhēng dé tóng yì 동의를 구하다

[1574] 豪爽: háo shuǎng 호방하고 솔직하다. 솔직하고 시원시원하다

[1575] 逢人: féng rén 사람을 만나다

[1576] 提起: tí qǐ 말을 꺼내다

[1577] 交情: jiāo qíng 우정. 친분

[1578] 高山流水: gāo shān liú shuǐ 고산유수. 악곡이 매우 훌륭하다

[1579] 出于礼貌: chū yú lǐ mào 예의범절에서 나오다

[1580] 微微点头: wēi wēi diǎn tóu 고개를 끄덕이다

[1581] 不作声: bù zuò shēng 아무소리도 안하다

[1582] 浮现: fú xiàn (지난 일이) 뇌리(눈앞 · 머릿속)에 떠오르다

[1583] 讨好: tǎo hǎo 잘 보이다. 환심을 사다

[1584] 掏出: tāo chū 꺼내다. 끄집어 내다

[1585] 怯生生: qiè shēng shēng (겁에 질려) 쭈뼛쭈뼛하다

[1586] 同辈人: tóng bèi rén 동년배

[1587] 乡音: xiāng yīn 고향(지방) 사투리

[1588] 亲眷: qīn juàn 친척과 식구

[1589] 下意识: xià yì shí 의식적으로

[1590] 扫: sǎo 스쳐보다

[1591] 嫂子: sǎo zi 친구의 아내에 대한 통칭. 형수

却像是隔了一座山。顾先生淡淡地说了一句，兄弟之情，落到[1595]这步田地[1596]，还不是你们当年[1597]自作自受[1598]的？阿莲嫂说，我当年哪里会想到有今天？说起来，我是无事不登三宝殿[1599]。阿莲嫂是为老房子的事而来。顾樵先生与大哥顾渔先生原本都是南方人，小时候跟随一名金陵派[1600]的老琴师学琴，长大后辗转[1601]来到京城授艺[1602]，有了点积累[1603]，兄弟俩便在京郊[1604]的山麓[1605]共筑[1606]一栋楼，楼名"渔樵山馆"。再后来，因为琴派之争[1607]，和阿莲嫂的居间挑拨[1608]，兄弟俩把好端端[1609]的一座楼房给隔开了。顾樵先生这一边面山，顾渔先生那一边临水[1610]。从此，渔樵山馆变成了亦樵山馆和亦渔山馆。琴声相闻，老死[1611]不相往来。顾渔先生死后，子承父业[1612]，但不成，又去学手艺，也是不成。阿莲嫂在村口开了一家小卖店，勉强度日[1613]。阿莲嫂的背比先前更显佝偻[1614]了，似乎也更谦卑[1615]了。隔着墙，常常能听到侄子[1616]酗酒[1617]之后大声训斥[1618]母亲。阿莲嫂的年纪大了，胆子[1619]却越发[1620]小了，凡事[1621]都谨小慎微[1622]，仿佛客人一般。儿子做电脑软件[1623]生意亏[1624]了一笔钱，要卖掉祖宅[1625]。阿莲嫂劝说无效[1626]，儿大不由娘[1627]，非卖不可[1628]。阿莲嫂说，你卖了

---

¹⁵⁹² 就坐：jiù zuò 자리에 앉다. 착석하다

¹⁵⁹³ 踏：tà 밟다. 디디다

¹⁵⁹⁴ 隔：gé (공간적·시간적으로) 떨어져 있다. 사이를(간격을) 두다

¹⁵⁹⁵ 落到：luò dào ~지경에 빠지다

¹⁵⁹⁶ 这步田地：zhè bù tián dì 이 지경에~

¹⁵⁹⁷ 当年：dāng nián 그때. 그해

¹⁵⁹⁸ 自作自受：zì zuò zì shòu 자업자득이다. 제가 놓은 덫에 걸리다

¹⁵⁹⁹ 无事不登三宝殿：wú shì bù dēng sān bǎo diàn 일이 없으면 찾아오지 않는다. 일이 생겨야만 방문한다

¹⁶⁰⁰ 金陵派：jīn líng pài 금릉파

¹⁶⁰¹ 辗转：zhǎn zhuǎn (몸을) 뒤척이다. 엎치락뒤치락하다

¹⁶⁰² 授艺：shòu yì 기예를 전수하다

¹⁶⁰³ 积累：jī lěi (조금씩) 쌓이다. 누적되다

¹⁶⁰⁴ 京郊：jīng jiāo 북경의 교외 지역

¹⁶⁰⁵ 山麓：shān lù 산록. 산기슭

¹⁶⁰⁶ 共筑：gong zhù 함께 짓다. 함께 건축하다

¹⁶⁰⁷ 琴派之争：qín pài zhī zhēng 악기파들의 파별 싸움

¹⁶⁰⁸ 居间挑拨：jū jiān tiǎo bō 중간에서 이간질 시키다

¹⁶⁰⁹ 好端端：hǎo duān duān 멀쩡하다

¹⁶¹⁰ 临水：lín shuǐ 물을 끼고 있다

¹⁶¹¹ 老死：lǎo sǐ 늙어 죽어도

¹⁶¹² 子承父业：zǐ chéng fù yè 아버지의 사업을 자식이 이어받다

¹⁶¹³ 勉强度日：miǎn qiǎng dù rì 간신히 살아가다

¹⁶¹⁴ 佝偻：gōu lóu 등이 구부정 하다

¹⁶¹⁵ 谦卑：qiān bēi (주로 아랫사람이 윗사람에게) 겸손하다. 자기 자신을 낮추다

¹⁶¹⁶ 侄子：zhí zi 조카

¹⁶¹⁷ 酗酒：xù jiǔ 주정하다. 취해서 함부로 행동하다

¹⁶¹⁸ 训斥：xùn chì 꾸짖다. 질책하다

¹⁶¹⁹ 胆子：dǎn zi 담력. 용기

¹⁶²⁰ 越发：yuè fā 더욱더. 한층

¹⁶²¹ 凡事：fán shì 어떤(무슨) 일이든. 모든 일

¹⁶²² 谨小慎微：jǐn xiǎo shèn wēi 지나치게 소심하고 신중하다

¹⁶²³ 软件：ruǎn jiàn 소프트웨어(software)

¹⁶²⁴ 亏：kuī 손해 보다.

¹⁶²⁵ 祖宅：zǔ zhái 조상 전래의 집

这座祖宅也行，但你要把那个边轩[1629]留给我。儿子说，我的娘哎，要卖都卖个净光[1630]，我们暂且[1631]去外面租房子住得了[1632]。你也是年纪一大把[1633]了，往后我有钱了，就给你买一块像样一点[1634]的阴宅[1635]。阿莲嫂咬咬牙说[1636]，我去死。儿子把酒瓶砸[1637]在地上，喝道[1638]，你去死吧你你去死吧撞墙[1639]上吊[1640]跳井[1641]喝毒药[1642]我都不会拦[1643]你。儿子说话声音大一点，阿莲嫂就会打冷颤[1644]。阿莲嫂并不怕死，怕的是自己死后没人给她收尸[1645]。

顾先生对阿莲嫂的凄凉晚境[1646]深表同情，先前[1647]对她的成见[1648]也在那一刻[1649]烟消云散[1650]了。顾先生说，阿嫂如果不嫌弃[1651]，往后[1652]就在我家住上一段日子吧。阿莲嫂说，我来的本意不是求你接济[1653]，而是请你出面[1654]买下我们这边的房子。顾先生说，我现在手头[1655]也不宽裕[1656]，拿不出这么大一笔钱来。阿莲嫂说，这房子好歹[1657]也是祖公业[1658]，落在别人手里，就让人耻笑[1659]了。房价好说[1660]，我儿子要卖给外人百来万，我就让他半价卖你。顾先生说，你作得了主[1661]么？阿莲嫂

[1626] 劝说无效: quàn shuō wú xiào 설득해도 효과가 없다
[1627] 儿大不由娘: ér dà bù yóu niáng 자식이 크면 엄마 말을 듣지 않는다
[1628] 非卖不可: fēi mài bù kě 팔지 않으면 안된다
[1629] 边轩: biān xuān 가장자리 문짝
[1630] 卖个净光: mài ge jìng guāng 깨끗하게 모두 팔아 치우다
[1631] 暂且: zàn qiě 잠시. 잠깐
[1632] 得了: dé le 됐어. 좋아. 충분하다. 그만두자
[1633] 年纪一大把: nián jì yī dà bǎ 나이가 매우 많이들다
[1634] 像样一点: xiàng yàng yì diǎn 좀 그럴듯하다. 제법 폼(모양)이 난다
[1635] 阴宅: yīn zhái 음택
[1636] 咬牙说: yǎo yá shuō 이를 악물고 말하다
[1637] 砸: zá 깨뜨리다. 찧다
[1638] 喝道: hè dào 갈도하다. 소리 지르면서 말하다
[1639] 撞墙: zhuàng qiáng 벽에 부딪치다
[1640] 上吊: shàng diào 목을 메어 자살하다
[1641] 跳井: tiào jǐng (죽으려고) 우물에 뛰어들다. 우물물에 투신하다
[1642] 毒药: dú yào 독약
[1643] 拦: lán 가로막다. 저지하다
[1644] 打冷颤: dǎ lěng zhan (추위·질병·공포 등으로) 몸을 덜덜 떨다. 부들부들 떨다
[1645] 收尸: shōu shī 시신을 거두어 화장하거나 매장하다
[1646] 凄凉晚境: qī liáng wǎn jìng 처량한 노년 처지
[1647] 先前: xiān qián 이전. 예전
[1648] 成见: chéng jiàn 선입견. 편견(주로 나쁜 것을 가리킴)
[1649] 那一刻: nà yī kè 그 순간
[1650] 烟消云散: yān xiāo yún sàn (사물·걱정·원망·분노 등이) 깨끗이 사라지다(없어지다)
[1651] 嫌弃: xiánqì 싫어하다
[1652] 往后: wǎng hòu 뒷날. 뒤로
[1653] 接济: jiē jì 구제하다. 돕다
[1654] 出面: chū miàn 나서다. 담당하다
[1655] 手头: shǒu tóu (개인의 일시적인) 경제 상황. 주머니 사정
[1656] 宽裕: kuān yù 부유하다. 넉넉하다
[1657] 好歹: hǎo dǎi 어쨌든지
[1658] 祖公业: zǔ gōng yè 가업
[1659] 耻笑: chǐ xiào 비웃다. 조소하다
[1660] 好说: hǎo shuō 걱정할 필요 없다. 동의할 수 있다

连连点头说，我作得了主，我作得了主。顾先生沉吟半晌[1662]说，这事我还得考虑考虑，过些日子再回复[1663]。顾先生把阿莲嫂送出门后，脸上显出了一抹喜色[1664]。他想：亦樵山馆和亦渔山馆往后又要合二为一，变成渔樵山馆了。整整有三十多年，他都没有站在亦渔山馆的楼头[1665]眺望[1666]湖光山色[1667]了。

顾樵先生手头有一笔钱，但买房子似乎还不够。他打定主意[1668]，向唐书记借这笔钱。电话打过去，唐书记家里的保姆[1669]却告诉他，唐书记见马克思去[1670]了。

唐书记是坐在马桶[1671]上去世[1672]的。唐书记死于便秘[1673]。确切地说，是死于便秘带来的脑溢血[1674]。

唐书记曾立下遗嘱[1675]，他死后，儿子无论如何要回来在老家住上一段时间。唐书记的儿子比顾先生那个侄儿有出息[1676]得多，而且，还是个有名的孝子[1677]，会用英文背《孝经颂[1678]》。

这位孝子听说父亲晚年喜欢听琴，便让人按照古琴的形制打造[1679]了一具棺材，面是桐木[1680]，底是金丝楠木[1681]，唐书记如在琴中长眠[1682]了。

顾先生听到噩耗[1683]，就抱着琴来到唐书记的灵堂[1684]前，弹了一曲《忆故人》。这曲子，顾先生不常弹，只在岁朝[1685]或年暮[1686]弹上一曲，但这回，他忽然感慨万端[1687]，就弹上了。

[1661] 作得了主: zuò de liǎo zhǔ 책임지고 결정할 수 있다
[1662] 沉吟半晌: chén yín bàn shǎng 반나절이나 망설이다
[1663] 回复: huí fù 회신하다. 답장하다
[1664] 喜色: xǐ sè 기쁜 기색. 희색
[1665] 楼头: lóu tóu 꼭대기 층
[1666] 眺望: tiào wàng 조망하다. 높은 곳에서 멀리 바라보다
[1667] 湖光山色: hú guāng shān sè 호수와 산이 서로 어우러져 이루는 아름다운 경치
[1668] 打定主意: dǎ dìng zhǔ yi 마음을 정하다(굳히다). 결정을 내리다
[1669] 保姆: bǎo mǔ 보모. 가정부
[1670] 见马克思去: jiàn Mǎ kè sī qù 마르크스를 만나러 가다. 세상 뜨다를 비유함
[1671] 马桶: mǎ tǒng 좌식 변기. 양변기
[1672] 去世: qù shì 돌아가다. 세상을 뜨다
[1673] 便秘: biàn mì 변비
[1674] 脑溢血: nǎo yì xuè 뇌출혈
[1675] 遗嘱: yí zhǔ 유언(하다)
[1676] 有出息: yǒu chū xi 싹수(가) 있다. 출세하다
[1677] 孝子: xiào zǐ 거상(居喪) 중인 아들. 효자
[1678] 孝经颂: xiàojīng sòng 효경송
[1679] 制打造: zhì dǎ zào 제조하다. 만들다
[1680] 桐木: tóng mù 오동나무
[1681] 金丝楠木: jīn sī nán mù 금테 녹나무
[1682] 长眠: cháng mián 원히 잠들다. 고이 잠들다
[1683] 噩耗: è hào 부고(訃告). 불길한 소식
[1684] 灵堂: líng táng 빈소
[1685] 岁朝: suì cháo 연시(명절)
[1686] 年暮: nián mù 연말(명절)
[1687] 感慨万端: gǎn kǎi wàn duān 감개가 무량하다

唐老板听毕[1688]，泫然泪下[1689]，跟顾先生说起了父亲的生平[1690]。唐书记也无非是俗人[1691]，但他去世之后，经他儿子这么一说，人便彻底脱俗[1692]了，成了那种面目高古[1693]、高洁[1694]若水的圣人，似乎可以放在神龛[1695]里拜[1696]了。

唐老板说，我要在这里住满七七四十九天，以后你有空，就照例[1697]过来，弹琴给我听。如果我不在，你就对着我爹的遗像[1698]弹。我给你每小时五百块。

顾先生说，好。

唐老板就是唐老板，出手阔绰[1699]果然是出了名[1700]的。他说出五百块，也只是让五根手指微微翘[1701]了一下。

唐老板在香炉[1702]里插了三炷香，拜了三拜后，对顾先生说，家父生前许过愿[1703]，要供养[1704]一株古树，保佑[1705]我们家族之树长青。现在，我要给他还愿[1706]，顾先生知道哪里的古树可作供养的？

顾先生想了想说，清风观门前有一棵古树，有些年头[1707]了。

第二天，唐老板就带着当地林业局局长和顾先生，坐车来到清风观。

林业局局长的秘书向唐老板作了介绍：这棵树是全县最古老的，树龄[1708]有八百年，树高十五米，冠幅[1709]平均三十二米，胸围[1710]七米，它每年可以吸收二氧化碳[1711]六吨[1712]左右，释放氧气近四吨。也就是说，它相当于十多亩常绿阔叶林所固定的二氧化碳和释放[1713]出来的氧气[1714]。唐老板绕

---

¹⁶⁸⁸ 听毕: tīng bì 다 듣다

¹⁶⁸⁹ 泫然泪下: xuàn rán lèi xià 눈물이 뚝뚝 떨어지다

¹⁶⁹⁰ 生平: shēng píng 생애. 일생

¹⁶⁹¹ 俗人: sú rén 세속적인 사람

¹⁶⁹² 脱俗: tuō sú 출가하다. 세속을 떠나다

¹⁶⁹³ 面目高古: miàn mù gāo gǔ 얼굴이 고상하고 예스럽다

¹⁶⁹⁴ 高洁: gāo jié (생각이나 품격 등이) 고결하다. 고상하고 순결하다

¹⁶⁹⁵ 神龛: shén kān 감실(신상이나 위패를 모셔 두는 장)

¹⁶⁹⁶ 拜: bài 방문하다. 찾아뵙다

¹⁶⁹⁷ 照例: zhào lì 관례에 따라. 예전대로 하여

¹⁶⁹⁸ 遗像: yí xiàng 생전에 찍은 사진이나 초상. 유상

¹⁶⁹⁹ 出手阔绰: chū shǒu kuò chuò 돈 씀씀이가 크다

¹⁷⁰⁰ 出名: chū míng 명성을 드러내다. 유명해지다

¹⁷⁰¹ 翘: qiáo 치켜들다

¹⁷⁰² 香炉: xiāng lú 향로

¹⁷⁰³ 许愿: xǔ yuàn (신불에게) 소원을 빌다

¹⁷⁰⁴ 供养: gong yǎng (신불과 조상에게) 공양하다. 공물을 바쳐 제사 지내다

¹⁷⁰⁵ 保佑: bǎo yòu (신령 등이) 보우하다. 돕다

¹⁷⁰⁶ 还愿: huán yuàn (소원이 이루어진 후에) 신에게 발원할 때 한 약속을 지키다

¹⁷⁰⁷ 有年头: yǒu nián tóu 세월이 오래 되다

¹⁷⁰⁸ 树龄: shù líng 수령. 나무의 나이

¹⁷⁰⁹ 冠幅: guàn fú 수관폭

¹⁷¹⁰ 胸围: xiōng wéi 가슴 둘레

¹⁷¹¹ 二氧化碳: èr yǎng huà tàn 이산화탄소(CO_2)

¹⁷¹² 吨: dūn 톤(1000kg)

¹⁷¹³ 释放: shì fàng 석방하다. 내보내다

[1715]树走了一圈，闭目，吸气，然后睁开眼，指着它说，就要这一棵了。清风观的道长出来，吩咐[1716]下边的小道士立即去取牌[1717]，写上供养人的名字。

正说话间，唐老板的秘书把手机交给他，说是小罗来电。小罗是谁？谁也不知道。听口吻[1718]，对方好像丢失了一个 LV 包[1719]，包里有一枚钻戒[1720]、几张银行卡等。唐老板不停地劝慰[1721]她，说这些不过是身外之物[1722]，可以再买的。对方却一直哭着闹着，说那些东西对她来说不知有多重要。唐老板咆哮[1723]了一句，你都二十岁了，怎么还跟幼儿园的小朋友似的，动不动[1724]就哭鼻子[1725]呢？

唐老板合上手机盖子[1726]，道长过来，把一张单子[1727]给他，唐老板取出钢笔，签上了自己的名字[1728]。这时，手机铃声又响了起来。唐老板皱着眉头[1729]对秘书说，这小女人也够烦的[1730]，走，我们上她那儿一趟。

唐老板走后，林业局局长笑眯眯[1731]地问顾先生，你可知道小罗是谁？顾先生说，不晓得。林业局局长说，我晓得，我晓得，就是电影学院表演系[1732]里的一个小姑娘。

唐老板在道观里供养了一株八百年的古樟树[1733]，在外头包养[1734]了一个二十岁的女孩子。树与女人，皆有所养[1735]。但树要老的，女人要年轻的。

顾先生想，这个小女孩，还只有洪素手这般大小呢。真是叫人可怜[1736]。

这一天，顾先生抱着琴，如约[1737]来到唐老板家。

唐老板说，我打小喜欢音乐，你会不会弹奏《春天的故事》？

[1714] 氧气：yǎng qì 산소

[1715] 绕：rào 휘감다. 주위를 돌다

[1716] 吩咐：fēn fù 분부하다. 명령하다

[1717] 取牌：qǔ pái 팻말을 가지다

[1718] 口吻：kǒu wěn 말투. 어조

[1719] LV 包：LV bāo Louis Vuitton 가방

[1720] 钻戒：zuàn jiè 다이아몬드 반지

[1721] 劝慰：quàn wèi 달래다. 위로하다

[1722] 身外之物：shēn wài zhī wù 몸 이외의 것(주로 명예·지위·재산 등을 말하며, 별로 중요하지 않다는 의미를 담고 있음)

[1723] 咆哮：páo xiào (맹수가) 포효하다. 으르렁거리다

[1724] 动不动：dòng bù dòng 걸핏하면. 툭하면. 자주

[1725] 哭鼻子：kū bí zi 울다. 훌쩍거리다

[1726] 合上盖子：hé shàng gài zi 뚜껑을 덮다

[1727] 单子：dān zi 명세서. 전표

[1728] 签名字：qiān míng zi 서명하다

[1729] 皱着眉头：zhòu zhe méi tóu 양미간을 찌푸리다

[1730] 够烦的：gòu fán de 너무 귀찮다

[1731] 笑眯眯：xiào mī mī 눈을 가늘게 뜨고 미소짓는 모양. 빙그레 웃다

[1732] 表演系：biǎo yǎn xì 연기학과

[1733] 古樟树：gǔ zhāng shù 오랜된 장수 나무

[1734] 包养：bāo yǎng (배우자 외의 이성에게) 집과 돈을 지불하고 장기간 성관계를 유지하다

[1735] 皆有所养：jiē yǒu suǒ yǎng 모두 가꾸어야 한다

[1736] 可怜：kě lián 가련하다. 불쌍하다

[1737] 如约：rú yuē 약속대로. 기약대로

顾先生说，那是古筝演奏的曲子。很抱歉，我不会。

唐老板问，在你看来，古筝跟古琴有什么不同？

顾先生说，当然不同，古筝的弦少则十六根，多则二十六根，没有一定之规[1738]，古琴的弦自孔子[1739]以来[1740]，一直是七根，没变过，这就好比七言诗[1741]，只有七个字，多了少了，就不叫七言。古话说，弹琴不清，不如弹筝。从这话你就可以晓得琴与筝的境界[1742]有什么高下之别[1743]了吧。

唐老板又问，你现在就给我弹一曲《二泉映月》吧。

顾先生说，也不会，那是二胡[1744]演奏的曲子。

唐老板说，我点[1745]什么你怎么都不会呢？

顾先生说，我们古琴演奏历来[1746]都有固定的曲目[1747]。同一首曲子，各人弹法不同，因此就有了那么多流派[1748]。

唐老板说，我听说弹琴的有一套臭规矩[1749]，不能在这儿弹，也不能在那儿弹；不能对这人弹，也不能对那人弹。不能对浑身汗臭[1750]满口蒜味[1751]的乡下人弹也就罢了，却还要摆明道理说是不能对商贾弹[1752]；好吧，不对商贾弹也说得过去，却还要把商贾跟那些婊子[1753]摆放在禁弹[1754]之列[1755]，这分明是把教书匠[1756]跟乞丐[1757]并列[1758]了。

顾先生说，听唐老板一席话，我就晓得你是懂行[1759]的。我不妨跟你坦白[1760]地说，这些规矩都是琴人无聊时自个儿想出来的，说着玩玩[1761]罢了[1762]。作诗碰到催税人[1763]，弹琴遇见肉贩子[1764]，固

[1738] 一定之规: yī dìng zhī guī 일정한 규칙
[1739] 孔子: Kǒng zǐ 공자(B.C.551～B.C.479 년). 중국 춘추 시대의 사상가·교육가·정치가 및 유가 학설의 창시자
[1740] 自…以来: zì… yǐ lái ~한 이래. ~동안
[1741] 七言诗: qī yán shī 칠언시. 일곱 글자를 한 구절로 하는 정형시(칠언고시와 칠언율시, 칠언절구가 있음)
[1742] 境界: jìng jiè (토지의) 경계. 경지
[1743] 高下之别: gāo xià zhī bié 수준의 높고 낮음의 구별
[1744] 二胡: èr hú 이호. (호금의 일종으로, 현이 두 줄임)
[1745] 点: diǎn 주문하다. 지정하다
[1746] 历来: lì lái 항상. 언제나
[1747] 曲目: qǔ mù 곡목
[1748] 流派: liú pài (학술·문예·무술 등의) 파별. 유파
[1749] 臭规矩: chòu guī ju 더러운 규칙
[1750] 浑身汗臭: hún shēn hàn chòu 온 몸에 고약한 땀냄새 나다
[1751] 满口蒜味: mǎn kǒu suàn wèi 온 입에 마늘 냄새 가득하다
[1752] 对商贾弹: duì shāng gǔ tán 상인들 대상으로 돈 받고 연주하다
[1753] 婊子: biǎo zi 창녀. 매춘부
[1754] 禁弹: jìn tán 연주 못하게 금지하다
[1755] 摆放在…之列: bǎi fàng zài…zhī liè ~행렬에 놓다
[1756] 教书匠: jiāo shū jiàng 교사쟁이. 선생(해학적 의미를 내포함)
[1757] 乞丐: qǐ gài 거지. 비렁뱅이
[1758] 并列: bìng liè 병렬하다
[1759] 懂行: dǒng háng (어떤 분야에) 정통하다. 능통하다
[1760] 坦白: tǎn bái 담백하다. 솔직하다
[1761] 说着玩玩: shuō zhe wán wán 농담하다

然是一件扫兴[1765]的事，但我作为一个琴人，遇见唐老板您这样的行家[1766]，实是荣幸之至[1767]。

唐老板摸着光头[1768]，笑得满脸的白肉都在有节奏[1769]地颤动[1770]。

清晨起来，顾先生打开窗户，一阵凉风带来淡淡的薄荷味[1771]，知道是早春雨润[1772]，草木滋长[1773]了。顾先生去厨房煮了一壶咖啡，静静地呷[1774]了几口，然后坐下来，想试一下徐三白独立完成的一张琴。安轸上弦之后，便泠泠然[1775]弹起来。线条流畅[1776]的琴体构成了一种纵向[1777]的振动，而振动[1778]所带来的声音是向下的。这就对了，好的琴，声音都应该有下沉感[1779]，就像一颗去掉渣滓[1780]的心慢慢地沉下去，沉下去。顾先生正弹得兴味盎然[1781]，忽然听到院子里传来轰地一声[1782]。屋子里的人都神色慌张[1783]地跑出来，一看，亦樵山馆与亦渔山馆之间的那堵墙竟豁开[1784]了一个大窑窿[1785]。侄儿的脑袋从墙洞里伸过来，笑眯眯[1786]地对顾先生说，阿叔，刚才天上响佛（打雷），竟把我们两家的墙打出了一个大窑窿，你看这是不是天意[1787]？顾先生看了看天说，胡扯[1788]，大晴天的，哪来的响佛？侄儿涎着笑脸[1789]说，阿叔，我听妈说过，你要买下我们家的房子，这不，老天爷都帮了你一个大忙，把墙预先给打通[1790]了。顾先生铁青着脸[1791]，袖着双手[1792]进了里屋。那一声

[1762] 罢了: bà le (서술문 끝에 쓰여) 단지 ~일 따름이다

[1763] 催税人: cuī shuì rén 세금 징수하는 사람

[1764] 肉贩子: ròu fàn zi 고기장수

[1765] 扫兴: sǎo xìng 흥을 깨다. 기분을 망치다

[1766] 行家: háng jia 전문가. 숙련가

[1767] 荣幸之至: róng xìng zhī zhì 대단히 영광스럽다

[1768] 光头: guāng tóu 빡빡 깎은 머리. 대머리

[1769] 节奏: jié zòu (일이나 활동의) 리듬. 흐름

[1770] 颤动: chàn dòng 진동하다. 흔들리다

[1771] 薄荷味: bò he wèi 박하맛

[1772] 早春雨润: zǎo chūn yǔ rùn 이른 봄에 내린 봄비

[1773] 草木滋长: cǎo mù zī zhǎng 풀과 나무가 자라다

[1774] 呷: xiā 찔끔찔끔 마시다. 조금씩 마시다

[1775] 泠泠然: líng líng rán 졸졸(물 흐르는 소리)

[1776] 流畅: liú chàng 유창하다. 거침없다

[1777] 纵向: zòng xiàng 세로의. 상하의

[1778] 振动: zhèn dòng 진동하다

[1779] 下沉感: xià chén gǎn 가라앉는 감각

[1780] 去掉渣滓: qù diào zhā zǐ 찌꺼기를 없애다

[1781] 兴味盎然: xìng wèi àng rán 흥미가 넘쳐 흐르다

[1782] 轰地一声: hōng de yī shēng 우르르 쾅하는 소리. 천둥소리

[1783] 神色慌张: shén sè huāng zhāng 당황하는 기색이 어리다(역력하다)

[1784] 豁开: huò kāi 활짝 열리다

[1785] 窑窿: yáo lóng 탄갱. 구멍

[1786] 笑眯眯: xiào mī mī 눈을 가늘게 뜨고 미소짓는 모양. 빙그레 웃다

[1787] 天意: tiān yì 천의. 하늘의 뜻

[1788] 胡扯: hú chě 제멋대로 말하다. 허튼소리 하다

[1789] 涎着笑脸: xián zhe xiào liǎn 뻔뻔스럽게 웃는 얼굴로

[1790] 打通: dǎ tōng 관통시키다. 소통시키다

[1791] 铁青着脸: tiě qīng zhe liǎn 새파란(화를 내거나 겁에 질렸거나 병들었을 때의 얼굴빛을 가리킴)얼굴로

[1792] 袖着双手: xiù zhe shuāng shǒu 팔짱을 끼다

“轰隆”，还在他的脑子里回荡[1793]，竟把连日[1794]来积郁[1795]的东西一下子打破了。他把双手洗净，坐到琴桌前，给哥哥留下的一份遗稿[1796]打谱。打完一段，他走出琴房，来到院子，把头伸进那个大窑窿，对着侄儿喊道，阿叔决定买下你的房子。

没过几天，顾先生跟给侄儿签了一份买卖[1797]协议[1798]，打了一半[1799]预付款[1800]之后，就雇[1801]来了一班操粗使杂[1802]的民工[1803]，开始拆墙、清理园子[1804]。有一个地方，顾先生说了，谁也不许动[1805]。那里有一张石铸[1806]的琴桌，下面还埋着一个大瓮[1807]，是年轻时兄弟俩亲手埋下的。一般的琴人都知道，大瓮有扩音[1808]的功效[1809]。哥哥死后，骨灰[1810]就撒[1811]在那里面。哥哥弥留之际[1812]曾对家人说过，他希望自己死后弟弟能过墙来，给他弹奏一曲。可是，过去了那么多年，顾先生碍于面子[1813]，一直没过去。这是顾先生一直深觉愧疚[1814]的一件事。因此，他想在哥哥埋骨的地方再造一座琴亭[1815]，以志[1816]兄弟之情[1817]。

那些民工白天干活，晚上就打地铺[1818]住在顾先生的侄儿家。有个叫小瞿的民工，是徐三白的老乡[1819]，也是顾先生的老乡，顾先生常常把他叫过来聊天，问些家乡的消息。问到某座九间大屋、某座庙宇[1820]还在否[1821]？某位老先生还健在否[1822]？得到的回答常常是“不在了”、“没了”。顾先

[1793] 回荡: huí dàng （소리 따위가) 울리다. 메아리치다
[1794] 连日: lián rì 연일. 여러 날 계속
[1795] 积郁: jī yù （근심·분노 등이) 맺히다. 응어리지다
[1796] 遗稿: yí gǎo 유고
[1797] 买卖: mǎi mai 사업. 장사
[1798] 签协议: qiān xié yì 협의서에 서명하다.
[1799] 打了一半: dǎ le yī bàn 절반 나누어 지불하다
[1800] 预付款: yù fù kuǎn 선불금
[1801] 雇: gù 고용하다
[1802] 操粗使杂: cāo cū shǐ zá 잡일을 하는
[1803] 民工: mín gōng 노동자
[1804] 清理园子: qīng lǐ yuán zi 뜨락을 정리하다
[1805] 不许动: bù xǔ dòng 움직여서는 안된다
[1806] 石铸: shí zhù 돌로 만든
[1807] 大瓮: dà wèng 큰옹기. 큰 항아리
[1808] 扩音: kuò yīn 확성
[1809] 功效: gōng xiào 효능. 효과
[1810] 骨灰: gǔ huī 유골
[1811] 撒: sǎ 살포하다. 흩뿌리다
[1812] 弥留之际: mí liú zhī jì 임종할 즈음
[1813] 碍于面子: ài yú miàn zi 안면 때문에
[1814] 愧疚: kuì jiù 창피하다. 부끄럽고 양심의 가책을 느끼다
[1815] 琴亭: qín tíng 악기를 치는 정자
[1816] 以志: yǐ zhì ~으로 ~을 상징하다(뜻하다)
[1817] 兄弟之情: xiōng dì zhī qíng 형제간의 정
[1818] 打地铺: dǎ dì pù 땅바닥이나 마루에 침구를 깔고 자다
[1819] 老乡: lǎo xiāng 동향인. 한 고향 사람
[1820] 庙宇: miào yǔ 사당. 불당
[1821] 还在否: hái zài fǒu 아직도 있는지 없는지

生听了总是摇摇头，长叹一声[1823]。小瞿不善言谈[1824]，却擅长手谈[1825]，围棋下得尤其好，先是徐三白输给他，后来像顾先生这样自称[1826]是"业余[1827]三段"的人也输给他。输了子，顾先生打量[1828]着小瞿的手说，你的手长得好，天生[1829]就是执"子"之手[1830]，却偏偏要拿起大锤子[1831]、铁锹[1832]来，可惜可惜。

有一回，顾先生跟小瞿下围棋时，洪素手就在一边静静地弹琴。一曲弹完，顾先生说，这孩子从来不给外人弹琴，唯独[1833]你是例外[1834]的。看来，你的耳福不浅[1835]啊。小瞿说，我是粗人[1836]，对我弹琴就等于[1837]是对牛弹琴[1838]。洪素手说，你不是牛怎么知道牛不懂琴呢？听了这话，顾先生、小瞿以及在旁观棋不语的徐三白都会心[1839]地笑了。小瞿走后，徐三白来到洪素手身边，似有心若无意[1840]地问了一句，你怎么老是对着那个小瞿笑眯眯的？洪素手低下头说，他微笑的样子跟我爸爸年轻时很像。

做"三七"那天，顾先生又抱琴去唐老板家。顾先生弹琴时，唐老板忽然站起来接电话去了，顾先生就对着唐书记的亡灵[1841]继续弹。这世上，顾先生原本有一个半知音[1842]。一个是哥哥顾渔，后来兄弟失和[1843]，就算不上知音了；另外半个，就是刚刚去世的唐书记。至于唐老板，连半个都算不上[1844]。现在，顾先生不仅仅是弹琴给故人[1845]听，也是弹给自己听。一曲弹毕，他微微闭上了眼睛。唐老板打完手机回来，问他，弹好了？顾先生说，好了。唐老板忽然发问[1846]，听说你有个

---

¹⁸²² 健在否: jiàn zài fǒu 아직도 건강하게 살아 있는지 없는지

¹⁸²³ 长叹一声: cháng tàn yī shēng 길게 탄식하는 소리

¹⁸²⁴ 不善言谈: bú shàn yán tán 말 재주가 별로 없다

¹⁸²⁵ 擅长手谈: shàn cháng shǒu tán 손으로 말하는 것에 능숙하다

¹⁸²⁶ 自称: zì chēng 자칭하다. 스스로 일컫다

¹⁸²⁷ 业余: yè yú 업무 외. 아마추어

¹⁸²⁸ 打量: dǎ liang (사람의 복장이나 외모를) 살펴보다. 훑어보다

¹⁸²⁹ 天生: tiān shēng 타고난. 선천적인

¹⁸³⁰ 执"子"之手: zhí zǐ zhī shǒu "장기쪽"을 만질 손이다

¹⁸³¹ 大锤子: dà chuí zi 망치

¹⁸³² 铁锹: tiě qiāo 삽. 가래

¹⁸³³ 唯独: wéi dú 오직

¹⁸³⁴ 例外: lì wài 예외로 하다. 예외(가 되)다

¹⁸³⁵ 耳福不浅: ěr fú bù qiǎn 들을 복이 있다

¹⁸³⁶ 粗人: cū rén (주로 겸손한 표현으로 쓰여) 수준 낮은 사람. 상스러운 사람

¹⁸³⁷ 等于: děng yú (수량이) ~와(과) 같다. 맞먹다

¹⁸³⁸ 对牛弹琴: duì niú tán qín 쇠귀에 경 읽기

¹⁸³⁹ 会心: huì xīn 남의 의중을 이해하다

¹⁸⁴⁰ 似有心若无意: sì yǒu xīn ruò wú yì 마음에 있는 듯 없는 듯

¹⁸⁴¹ 亡灵: wáng líng 망령. 망혼

¹⁸⁴² 知音: zhī yīn 서로 마음이 통하는 친한 벗

¹⁸⁴³ 失和: shī hé 사이가 나빠지다. 화목이 깨지다

¹⁸⁴⁴ 算不上: suàn bù shàng ~로 칠 수 없다. 기준에 이르지 못하다. ~라고 할 수 없다

¹⁸⁴⁵ 故人: gù rén 고인. 죽은 사람

¹⁸⁴⁶ 发问: fā wèn (구두로) 질문하다. 문제를 제기하다

女弟子[1847]，弹得一手好琴[1848]，有这样一回事[1849]？顾先生慢声应道[1850]，是的。唐老板说，这样吧，往后你就带那位女弟子过来弹琴。顾先生说，她离开了我的山馆就不会弹了。唐老板说，这年头[1851]还有这样的妙人[1852]儿？那我就要去你山馆瞧[1853]瞧了。

唐老板说来就来[1854]了。唐老板是晚饭后来的，身上还带着一股浓重[1855]的酒气[1856]。

之前，唐老板陪着几个客人，一直在 KTV 包厢[1857]里泡[1858]着。他喝了许多酒，人就在歌声的泡沫[1859]里飘起来。有几只女人的手把他按住[1860]，他还是要飘起来。他对每一个唱歌的女人都报以热烈的掌声[1861]，并且承诺[1862]，要给每个小姐一千块小费[1863]。小姐们都乐坏了，抱着他的光头一个劲[1864]地亲吻[1865]。唐老板在包厢里睡了一个长觉，酒醒后，他再也没有提起[1866]给小姐们发一千块小费的事。买单[1867]时，小姐们就缠[1868]着他叽叽喳喳[1869]。唐先生是这样回答她们的：你们唱歌让我悦耳[1870]，我说"给一千块钱"也是让你们悦耳，彼此[1871]扯平[1872]了。小姐们各自拿了三百块小费，撇着嘴[1873]说，唐老板说的比唱的还好听。

唐老板就这样哼[1874]着小曲，醉醺醺[1875]地过来了。唐老板要见的人就是洪素手。他看洪素手目光就像是看那些坐台小姐。

唐老板问洪素手，会弹什么曲子？

[1847] 弟子: dì zǐ 제자. 문하생
[1848] 一手好琴: yī shǒu hǎo qín 악기를 잘 다루다
[1849] 这样一回事: zhè yàng yī huí shì 이와 같은 것
[1850] 应道: yīng dào 대답하다
[1851] 这年头: zhè nián tóu 이런 세상에(세월에)
[1852] 妙人: miào rén 신기한(신비로운) 사람
[1853] 瞧: qiáo 보다. 방문하다
[1854] 说来就来: shuō lái jiù lái 말 떨어지자 바로 오다
[1855] 浓重: nóng zhòng (안개·냄새·색채 등이) 농후하다. 짙다
[1856] 酒气: jiǔ qì 술기운
[1857] 包厢: bāo xiāng (유흥업소·극장 등의) 독방. 특별석
[1858] 泡: pào (몸을) 담그다. 쳐박혀 있다
[1859] 泡沫: pào mò (물)거품(비현실적인 사물)
[1860] 按住: àn zhù 붙잡아 놓다
[1861] 报以…掌声: bào yǐ…zhǎng shēng 박수를 보내다
[1862] 承诺: chéng nuò 승낙하다. 대답하다
[1863] 小费: xiǎo fèi 팁
[1864] 一个劲: yī gè jìnr 끊임없이. 계속
[1865] 亲吻: qīn wěn 키스하다. 입맞추다
[1866] 提起: tí qǐ 언급하다
[1867] 买单: mǎi dān 계산서. 주문서
[1868] 缠: chán 치근덕거리다.
[1869] 叽叽喳喳: jī ji zhā zhā 재잘재잘. 조잘조잘
[1870] 悦耳: yuè ěr 듣기 좋다
[1871] 彼此: bǐ cǐ 피차. 상호
[1872] 扯平: chě píng (쌍방의 이해득실 등이) 서로 균형을 맞추다. (지위·대우 등을) 균등하게 하다
[1873] 撇着嘴: piě zhe zuǐ 입을 삐죽거리다
[1874] 哼: hēng 콧노래 부르다. 흥얼거리다
[1875] 醉醺醺: zuì xūn xūn 곤드레만드레 취한 모양

洪素手不响。

顾先生在旁指点说，你就弹一曲《酒狂》吧。

洪素手说，我不会。

徐三白在旁插话[1876]说，像小瞿那样的乡下人你都可以弹琴给他听，为什么就不给唐老板弹？

这一说，更是把唐老板激怒[1877]了。

顾先生赶紧上来打圆场[1878]说，这孩子，真是的，像石头一样顽固[1879]，也像石头一样有棱角[1880]。你看看，连我也拿她没法子[1881]了。

唐老板大手一挥[1882]说，我给钱，你还不弹？！说这话时，唐老板身上的酒气猛扑过来，让洪素手十分难受，忍不住捂住[1883]了鼻子。唐老板忽然大怒道[1884]，怎么？你是不是嫌[1885]老子[1886]身上的酒臭[1887]？弹琴的人自以为[1888]清高[1889]，就他妈的[1890]臭规矩[1891]多。抢前一步[1892]就把洪素手捂在鼻子上的手打开。这一回，洪素手反倒用双手捂住脸，哭了起来。徐三白站在她身边，吓得不敢再说话了，摆出的，便是一副观棋不语[1893]的样子。顾先生看不下去了，就对洪素手喝斥[1894]了一句。唐老板再次上来，命令她把手拿开。洪素手被吓懵[1895]了，忽然操起一个陶制的小香炉朝他额际[1896]砸[1897]去。这一砸，就把唐老板给砸清醒了，他摸到了脸上的鲜血，既惊且怒[1898]，立马摆出还击[1899]的架式[1900]来。顾先生抢先一步，走到洪素手面前，抽了她一记耳光[1901]。但唐老板并没有就此了事[1902]，

[1876] 插话: chā huà （다른 사람이 하는） 말에 끼어들다. 남의 말을 끊다

[1877] 激怒: jī nù 분노하게 하다

[1878] 打圆场: dǎ yuán chǎng （분규 따위를） 조정하다. 중재하다

[1879] 顽固: wán gù 완고하다. 고집쟁이

[1880] 棱角: léng jiǎo 모서리. 날카로움

[1881] 拿她没法子: ná tā méi fǎ zi 그를 어쩔수가 없다

[1882] 挥: huī 휘두르다.

[1883] 捂住: wǔ zhù 가리다. 막다

[1884] 大怒道: dà nù dào 크게 화 내면서 말하다

[1885] 嫌: xián 싫어하다

[1886] 老子: lǎo zi 이 어른. 이 몸(주로 화났을 때나 농담조로 자신을 높여 부르는 말)

[1887] 酒臭: jiǔ chòu 술냄새

[1888] 自以为: zì yǐ wéi 제 딴엔 ~라고 여기다

[1889] 清高: qīng gāo （인품이） 청렴하다. 고결하다

[1890] 他妈的: tā mā de 젠장. 제기랄

[1891] 臭规矩: chòu guī ju 더러운 규칙

[1892] 抢前一步: qiǎng qián yī bù 한걸음 앞으로 돌격하다

[1893] 观棋不语: guān qí bù yǔ 바둑을 두는 것을 보기만 하고 말하지 않다

[1894] 喝斥: hè chì 호령

[1895] 吓懵: xià měng 놀라서 정신을 잃다

[1896] 额际: é jì 이마

[1897] 砸: zá （무거운 것으로） 눌러 으스러뜨리다. 내리치다

[1898] 既惊且怒: jì jīng qiě nù 놀라서 화내다

[1899] 还击: huán jī 반격하다

[1900] 摆出架式: bǎi chū jià shi 자세를 드러내다

[1901] 抽耳光: chōu ěr guāng 뺨을 때리다

[1902] 了事: liǎo shì 사건을 마무리짓다

他举起了小香炉做出要砸的样子。这时，民工小瞿风也似的从外边冲进来，一拳击中[1903]唐老板的下巴[1904]，把他打了个趔趄[1905]。屋子里顿时闹成了一团。顾先生去安抚[1906]唐老板时，小瞿拉着洪素手，把她带出了山馆。

从此，洪素手再也没有回过山馆了。

三

徐三白联系到洪素手也是一年以后的事了。那天，他无意[1907]间搜索[1908]到一个名叫"素衣白领"的女子的博客[1909]，上面写的是一些早年学琴的感想，有几篇日志[1910]，是写日常工作和客居[1911]生活的无聊[1912]。徐三白很快就从文字间捕捉[1913]到洪素手的点滴信息[1914]，并且留言，称自己是一名古琴爱好者，网名"东瓯[1915]拙手[1916]"，欲与"素衣白领"交流琴艺。而她的回答是，自己疏于[1917]练琴，也懒得结交[1918]琴友，但经过几番死缠硬磨[1919]，她还是留下了办公室的电话号码。徐三白把电话打过去，果然是洪素手的声音。就这样，他带着顾先生的嘱托[1920]坐飞机来了。

昨晚他们在阳台上站了很长时间，今晚吃过饭后，他们无处可去，又回到了这里。一个年轻男子走进独身女人的房间，本该有什么故事要发生的，但是没有。洪素手回头熄灭[1921]了房间里的灯，搬来两张椅子。四周一片沉寂[1922]、幽暗[1923]。银行大楼的背面透着黑黝黝[1924]的蓝光，一张冰冷的、玻璃钢质的脸。她忽然指着那扇窗户说，那天我亲眼看见有人从这个窗口坠落[1925]，他很平静地落下，没有发出一声呼喊，我还以为是一件被风吹落的大衣呢。徐三白不知道她为什么会突然提起这事。

[1903] 击中：jī zhòng 명중하다

[1904] 下巴：xià ba 턱

[1905] 趔趄：qiè liè 휘청거리다

[1906] 安抚：ān fǔ 위로하다. 안위하다

[1907] 无意：wú yì 고의(본의)가 아니다. 무의식중

[1908] 搜索：sōu suǒ (인터넷에)검색하다. 자세히 찾다

[1909] 博客：bó kè 블로그(blog). 개인이 자유롭게 글을 올릴 수 있는 웹 사이트

[1910] 日志：rì zhì 일지

[1911] 客居：kè jū 객지나 남의 집에 기거하다. 타향살이하다

[1912] 无聊：wú liáo 따분하다. 지루하다

[1913] 捕捉：bǔ zhuō 잡다. 붙잡다

[1914] 点滴信息：diǎn dī xìn xī 사소한 소식(정보)

[1915] 东瓯：dōn gōu 동구(지명)

[1916] 拙手：zhuō shǒu 졸수

[1917] 疏于：shū yú ~에(서) 소홀하다

[1918] 懒得结交：lǎn de jié jiāo 교제를 귀찮아하다

[1919] 死缠硬磨：sǐ chán yìng mó (목적을 위해) 죽어라 엉겨붙다. 끈질기게 매달리다

[1920] 嘱托：zhǔ tuō (다른 사람에게 일을) 부탁하다. 의뢰하다

[1921] 熄灭：xī miè (등이나 불이) 끄다. 소멸하다

[1922] 沉寂：chén jì 고요하다. 적막하다

[1923] 幽暗：yōu àn 어둡다. 어두컴컴하다

[1924] 黑黝黝：hēi yǒu yǒu 어두컴컴하다

[1925] 坠落：zhuì luò 추락하다. 떨어지다

一个月前，有个擦窗的清洁工就是从这里坠落。他流了很多血。把那个小花园的一部分都弄脏了。有人擦掉了地上的血迹[1926]。但没有人可以把它彻底擦干净。有一部分血迹，一直残留[1927]在他们的脑子里。擦窗工活着的时候几乎没有人注意到他的存在，但他死了之后，人们反而感觉到了他的存在。死亡的阴影依然十分顽固[1928]地盘踞[1929]在那里，以至人们把此后发生的一件事跟它联系起来。事情是这样的：一天，有个银行老职员在同样的时间经过那个同样的地方时，不小心折断[1930]了一条腿。就在人们快要淡忘[1931]那件事时，他们再次从那个老职员身上唤醒[1932]了对它的回忆。于是，这件事带来的阴影就在无意间扩散[1933]到他们的生活之中。

谁也不知道那个擦窗工叫什么名字，洪素手说，只有我知道，他生前还有个外号[1934]，叫"蜘蛛侠"。

徐三白隐隐感到，她收藏[1935]的那些"蜘蛛侠"玩具和图片似乎与这个人有什么关联。于是，就静静地听她继续讲述。洪素手带着回忆的口吻[1936]说，有一天，唔，我就是在这个房间的窗前坐着的时候，他突然从天而降[1937]，把头探[1938]过来，朝我扮了个鬼脸[1939]，然后就在我的玻璃窗上写下了五个字：我是蜘蛛侠。从那一刻开始，他就走进了我的生活。可是，我不明白，"蜘蛛侠"居然也会坠楼而死[1940]。

说完这话，洪素手打了一个寒噤[1941]，转过身对徐三白说，每次我站在阳台上朝下看，都会有点头晕[1942]，这是不是叫恐高症[1943]？徐三白觉得她现在是在有意表现自己的柔弱[1944]，以引起自己的怜悯[1945]和呵护[1946]。其实她并没有恐高症，早年他们一伙人同游某个风景区时，是她第一个穿过那条摇摇晃晃[1947]的铁锁桥[1948]。所以，当她声称[1949]自己有恐高症时，徐三白并没有向她伸过手去。

[1926] 血迹：xuè jì 핏자국. 혈흔

[1927] 残留：cán liú (부분적으로) 남아 있다

[1928] 顽固：wán gù 완고하다. 고집스럽다

[1929] 盘踞：pán jù 불법으로 점거하다. 둥지를 틀고 있다

[1930] 折断：zhé duàn 끊다. 부러뜨리다

[1931] 淡忘：dàn wàng 기억이 흐려져 잊혀지다. 인상이 점점 사라지다

[1932] 唤醒：huàn xǐng 깨우다. 일깨우다

[1933] 扩散：kuò sàn 확산하다. 퍼뜨리다

[1934] 外号：wài hào 별명

[1935] 收藏：shōu cáng 소장하다. 수집하여 보관하다

[1936] 口吻：kǒu wěn 말투. 어조

[1937] 从天而降：cóng tiān ér jiàng 하늘에서 떨어지다. 갑자기 나타나다

[1938] 探：tàn (머리나 상체를) 앞으로 내밀다

[1939] 扮鬼脸：bàn guǐ liǎn 우스꽝스러운 표정을 짓다

[1940] 坠楼而死：zhuì lóu ér sǐ 빌딩에서 뛰어내려 죽다

[1941] 打寒噤：dǎ hán jìn (춥거나 겁을 먹고 치는) 몸서리 나다

[1942] 头晕：tóu yūn 현기증이 나다. 머리가 어지럽다

[1943] 恐高症：kǒng gāo zhèng 고소 공포증

[1944] 柔弱：róu ruò 연약하다

[1945] 怜悯：lián mǐn 가엾게(불쌍히) 여기다. 동정하다

[1946] 呵护：hē hù 애지중지하다

[1947] 摇摇晃晃：yáo yáo huàng huàng 건들건들하다. 비틀비틀하다

[1948] 铁锁桥：tiě suǒ qiáo 체인 브릿지

但她的忧伤[1950]是真实的。她用略显[1951]低沉[1952]的声音告诉徐三白：有一天深夜，我独自一人[1953]站在阳台上，手扶着栏杆[1954]，忽然产生了一种想跨出去[1955]的冲动。不，我并不是要纵身跃下[1956]，而是要像"蜘蛛侠"那样贴着墙飞上去。

现在轮到[1957]徐三白打寒噤了。徐三白茫然[1958]地望着七层楼以下的黑暗。他恍惚觉得，那个横躺着[1959]的影子会突然从银行大楼的花园中站起来，穿过一堵水泥墙[1960]，紧贴着这栋公寓[1961]的墙壁，一步步地向他们爬过来。徐三白下意识[1962]地回过头来，屋子里也是一片漆黑[1963]。他紧紧地抓住那根铁铸的栏杆，感到铁的意志[1964]正慢慢地向掌心[1965]渗透[1966]。洪素手问徐三白，刚才有没有听她说话。他没有回答，仍然默不作声地望着那片平地，在黑暗中丈量[1967]着自己的高度。有时候，一个人的内心难免会出现疙疙瘩瘩[1968]，就像他在平地上所见的石头或杂草，他经常会被这些东西磕碰[1969]或阻挡[1970]；但是，当他爬到某个高处俯视[1971]时，这些石头或杂草就不再显得那么突兀[1972]了，它们在放长的视线中慢慢地就会变成一个光滑的平面；也就是说，他们的内心尽管有许多疙疙瘩瘩，但只要他站到一定高度、拉开距离，一切不平的，也就会变得平坦[1973]了。徐三白是这么想的。

你是醉了，还是醒着。洪素手忽然发问。

我是醒着呢，但我很想听你弹一次琴，醉上一回。徐三白说。

明晚吧。洪素手懒洋洋[1974]地说。

[1949] 声称: shēng chēng 표명하다. 밝히다

[1950] 忧伤: yōu shāng 근심으로 비통해하다. 고뇌에 잠기다

[1951] 略显: lüè xiǎn 약간 ~로 보이다

[1952] 低沉: dī chén 의기소침하다. 기분이 가라앉다

[1953] 独自一人: dú zì yī rén 혼자. 홀로

[1954] 扶着栏杆: fú zhe lán gān 난간에 기대다

[1955] 跨出去: kuà chū qu 뛰어 넘어 가다

[1956] 纵身跃下: zòng shēn yuè xià 몸을 날려 뛰여 내리다

[1957] 轮到: lún dào 차례가 돌아오다

[1958] 茫然: máng rán 아무것도 모르거나 어쩔줄 몰라 하는 모양. 막연하다

[1959] 横躺着: héng tǎng zhe 가로 눕다

[1960] 水泥墙: shuǐ ní qiáng 시멘트 벽

[1961] 公寓: gōng yù 아파트. 단체 기숙사

[1962] 下意识: xià yì shí 의식적으로

[1963] 漆黑: qī hēi 칠흑같이 어둡다. 캄캄하다

[1964] 铁的意志: tiě de yì zhì 견고한 의지

[1965] 掌心: zhǎng xīn 손바닥(의 한가운데). 장심

[1966] 渗透: shèn tòu (액체가) 스며들다. 투과하다(주로 추상적인 사물이나 세력이) 침투하다

[1967] 丈量: zhàng liáng 길이나 면적을 측량하다

[1968] 疙疙瘩瘩: gē ge dā dā 풀기 힘든 갈등. 응어리

[1969] 磕碰: kē pèng (사람과 물건 혹은 물건과 물건이) 서로 부딪치다

[1970] 阻挡: zǔ dǎng 저지하다. 가로막다.

[1971] 俯视: fǔ shì 굽어보다. 내려다보다

[1972] 突兀: tū wù 높이 솟아 우뚝하다. 갑작스럽다

[1973] 平坦: píng tǎn (도로·지대 등이) 평평하다

[1974] 懒洋洋: lǎn yáng yáng 풀죽은. 맥 풀린

不，今晚我就想听你弹一曲，徐三白说，我现在就去宾馆把琴取来。

没过多久，徐三白就抱琴过来了。洪素手打开琴盒，取出一看，就知道是一张上好[1975]的古琴。因为年代久远[1976]，琴面呈现[1977]出梅花[1978]状的断纹，琴底还有历代[1979]收藏者[1980]的印章[1981]和琴铭[1982]。徐三白说，先生说过，好的木头，加上斫琴名手，如果还能遇上妙指慧心[1983]，是一张琴的福份[1984]。

洪素手把一台电脑搬开，在桌子中央垫[1985]了一张罩[1986]电脑的绒布[1987]，然后就把古琴安放在电脑桌上。她在琴中间五徽[1988]的位置坐下，抬起头来，笑着对徐三白说，感觉还是像坐在电脑桌前打字。静了一会儿，她试了试琴，果然是一张好琴，声音有一种下沉感。洪素手又站起来，在手上涂[1989]了一点油。再试音，再一次往手上涂油。洪素手带着歉意[1990]说，很久没弹，手指跟琴弦总是融不到一块[1991]。还没正式弹琴，徐三白就用双手支着下巴[1992]，作陶醉[1993]状。洪素手撇着嘴说，你看你，又来了。

让徐三白遗憾[1994]的是，她没有弹出让他醉心[1995]的曲子来。洪素手说，你走了之后，我再坐下来试练几遍。徐三白走后，她又坐下来，一个人，慢慢将气息调匀[1996]了，挥手之间[1997]，心就远了。弦动，琴体也随之振动[1998]，身体里的那根弦无声无息[1999]地应和着[2000]。

[1975] 上好: shàng hǎo 매우 좋은. 최고의

[1976] 年代久远: nián dài jiǔ yuǎn 세월이 오래 되다

[1977] 呈现: chéng xiàn 나타내다

[1978] 梅花: méi huā 매화상

[1979] 历代: lì dài 역대

[1980] 收藏者: shōu cáng zhě 수집가

[1981] 印章: yìn zhāng 도장. 인장

[1982] 琴铭: qín míng 악기에 새근 글

[1983] 妙指慧心: miào zhǐ huì xīn 손 재주있고 지혜로운 사람

[1984] 福份: fú fèn 복

[1985] 垫: diàn 받치다. 깔다. 괴다

[1986] 罩: zhào 덮개. 씌우개

[1987] 绒布: róng bù 플란넬. 면 플란넬(綿 flannel)

[1988] 五徽: wǔ huī 아름다운 음계

[1989] 涂: tú (진흙·화장품·안료·페인트·약 등을) 바르다. 칠하다

[1990] 歉意: qiàn yì 미안한 마음

[1991] 融到一块: róng dào yī kuài 하나로 융합하다

[1992] 支着下巴: zhī zhe xià ba 턱을 받치고 있다

[1993] 陶醉: táo zuì 도취되다

[1994] 遗憾: yí hàn 유감이다

[1995] 醉心: zuì xīn 심취하다. 몰두하다

[1996] 气息调匀: qì xī tiáo yún 숨을 고르다

[1997] 挥手之间: huī shǒu zhī jiān 손을 흔드는 사이

[1998] 随之振动: suí zhī zhèn dòng 따라서 진동하다

[1999] 无声无息: wú shēng wú xī 아무런 기척도 없다. 알려지지 않아서 영향력이 없다

[2000] 应和着: yìng hè zhe (소리·말·행동에) 대답하다. 응답하다

徐三白回宾馆洗了个澡，刚刚要躺下，洪素手就来电话了。洪素手带着颤音[2001]说，她刚才坐下来练琴的时候，看见窗外有个人，手上拿着一根绳子[2002]，好像要破窗进来。

徐三白挂了电话后就急匆匆[2003]地赶了过去。徐三白手持扫帚[2004]，大着胆子[2005]，来到外面的阳台，发现是一条裙子不知从哪里被风吹了过来，还有一条裙带，随风飘动[2006]，像是一根绳子。

没事，只是一条从外面飘过来的裙子而已[2007]。徐三白说着把双手搭[2008]在她肩上暗暗用劲[2009]，以便让她感到自己的话具有一定的抚慰[2010]作用。

洪素手突然睁大了眼睛问，你知道那个坠楼的擦窗工是谁？他就是我的丈夫，也就是你的老乡小瞿。

徐三白轻轻地"哦"了一声，小瞿原来就是那个外号叫"蜘蛛侠"的擦窗工，也难怪，你家的墙壁上挂满了"蜘蛛侠"。这件事从头到尾[2011]难道就没有一点嘲讽[2012]的意思？一个要拯救[2013]世界的"蜘蛛侠"却无法拯救自己。

洪素手把脸转向一边，让自己突然波动的情绪慢慢平静下来。经过长久的沉默，洪素手说，我爱的人，现在都一个个离我而去[2014]了。现在唯一带给我希望的就是这肚子[2015]里的孩子。等他（她）长大了以后，我一定要告诉我的孩子，他（她）爸爸不是擦窗工，而是那个拯救世界的"蜘蛛侠"。这样说着，她就把徐三白的手拉过来，放在自己微微隆起[2016]的腹部，轻声地问，嘿，有没有感觉到胎动[2017]？

那里面，沉睡[2018]着一个被温情[2019]浸透[2020]了的孩子。徐三白的脸上流露[2021]出一种既惊且喜的神色[2022]。他的手从她腹部移开，再一次放在她的肩膀上，久久不语[2023]。洪素手明白他的意思，缓缓

[2001] 颤音：chàn yīn 전동음. 떨림소리

[2002] 绳子：shéng zi （노）끈. 새끼. 밧줄

[2003] 急匆匆：jí cōng cōng 허둥대는 모양. 급히 서두르는 모양

[2004] 扫帚：sào zhou 빗자루

[2005] 大着胆子：dà zhe dǎn zi 담력 크게

[2006] 随风飘动：suí fēng piāo dòng 바람에 펄럭이다

[2007] 只是…而已：zhǐ shì…ér yǐ 그저~할 뿐이다

[2008] 搭：dā 걸치다. 걸다.

[2009] 暗暗用劲：àn àn yòng jìn 은밀하게 힘을 내다

[2010] 抚慰：fǔ wèi 위로(위문·위안)하다

[2011] 从头到尾：cóng tóu dào wěi 머리부터 발끝까지. 처음부터 끝까지

[2012] 嘲讽：cháo fěng 비꼬다. 비웃다

[2013] 拯救：zhěng jiù 구조하다. 구출하다

[2014] 离我而去：lí wǒ ér qù 나에게서 떠나다

[2015] 肚子：dù zi （사람의）배. 복부

[2016] 微微隆起：wēi wēi lóng qǐ 조금 튀어나오다. 약간 부풀어오르다

[2017] 胎动：tāi dòng 태동하다

[2018] 沉睡：chén shuì 깊이 잠들다. 숙면하다

[2019] 温情：wēn qíng 온정. 따뜻한 인정

[2020] 浸透：jìn tòu （속속들이）배다. 스미다

[2021] 流露：liú lù （생각·감정을）무의식 중에 나타내다. 무심코 드러내다

[2022] 神色：shén sè 표정. 안색

[2023] 久久不语：jiǔ jiǔ bù yǔ 오랫동안 말을 하지 않다

坐下来，弹了一曲《忆故人》。弹着弹着，似乎就来感觉了，手指也变得鲜活[2024]了，如同鱼游进水里。在徐三白看来，她的手上有一层泪光[2025]似的柔和[2026]的东西，竟至[2027]透明[2028]了。但这一次，徐三白没有听醉[2029]。

此后几天，徐三白都没过来。因为他要趁这个机会[2030]走访[2031]上海古琴行的几位老主顾[2032]。一天傍晚[2033]，徐三白回宾馆时，一位前台服务员交给他一把钥匙，说是今天早晨有位女士过来，要把钥匙转交给他。徐三白问，她人呢？服务员说，她只交待[2034]了一句，说是要去一个很远很远的地方，有一样东西放在家里，让你亲自[2035]去取。

徐三白快步来到了洪素手的寓所[2036]。打开门后，发现洪素手已经搬走了。室内只有一桌一椅一床，别无陈设[2037]。那张单人床[2038]上的床单[2039]是百合色的，没有一丝压痕[2040]或皱褶[2041]，被子叠[2042]得像一本刚刚合上的边角周正[2043]的书。墙壁上的"蜘蛛侠"竟然全都消失不见[2044]了，只有靠床头[2045]的地方还贴着一张照片，照片里没有人，只有一张琴桌，上面有几片鲜红欲燃[2046]的枫叶[2047]，琴桌后面是渔樵山馆的一株芭蕉叶[2048]，红绿相衬[2049]着，别有意味[2050]。徐三白收回目光[2051]，看见桌子上搁着[2052]他亲手带来的那张古琴，下面留有一张纸条，写着：徐三白收。他在地板上茫然[2053]地坐

[2024] 鲜活: xiān huó 신선하다. 싱싱하다
[2025] 泪光: lèi guāng 반짝이는 눈물
[2026] 柔和: róu hé 연하고 부드럽다. 보드랍다
[2027] 竟至: jìng zhì ~까지도 하다. ~(할 정도)에 이르다
[2028] 透明: tòu míng 투명하다
[2029] 听醉: tīng zuì 듣고 도취되다
[2030] 趁机会: chèn jī huì 기회를 이용하여
[2031] 走访: zǒu fǎng 방문하다
[2032] 主顾: zhǔ gù 단골 고객
[2033] 傍晚: bang wǎn 저녁 무렵
[2034] 交待: jiāo dài (자신의 의도를) 설명하다. 당부하다
[2035] 亲自: qīn zì 직접 (하다). 손수
[2036] 寓所: yù suǒ 기거하는 곳. 거처
[2037] 别无陈设: bié wú chén shè 다른 장식품이 없다
[2038] 单人床: dān rén chuáng 일인용 침대. 싱글 침대
[2039] 床单: chuáng dān 침대보. 침대 시트(sheet)
[2040] 压痕: yā hén 눌리운 흔적
[2041] 皱褶: zhòu zhě 주름(살)
[2042] 叠: dié 포개다. 층층이 (겹치어) 쌓다
[2043] 边角周正: biān jiǎo zhōu zhèng 가장자리(모퉁이) 반듯하다
[2044] 消失不见: xiāo shī bù jiàn 자취를 감추다. 보이지 않다
[2045] 床头: chuáng tóu 침대 머리
[2046] 鲜红欲燃: xiān hóng yù rán 타오르듯 새빨갛다
[2047] 枫叶: fēng yè 단풍잎
[2048] 芭蕉叶: bā jiāo yè 파초잎
[2049] 红绿相衬: hóng lǜ xiàng chèn 붉은색과 녹색이 서로 어울리다
[2050] 别有意味: bié yǒu yì wèi 또 다른 정취 있다
[2051] 收回目光: shōu huí mù guāng 눈길을 거두다
[2052] 搁着: gē zhe 놓여져 있다
[2053] 茫然: máng rán 망연하다

了一会儿，然后起身，抱着那张琴，退出[2054]屋子。关门之前，他又忍不住朝里看了一眼，一缕淡而亮的光线从薄纱[2055]窗帘[2056]间照进来，整个房间素净[2057]得像是没有住过人，以至他疑心[2058]自己与洪素手的见面只是一场幻觉[2059]。

半个月后，顾樵先生收到了弟子徐三白寄来的一盒磁带，他拉上窗帘，把磁带放进录音机，静静地坐在那儿，一阵"滋滋[2060]"声之后，录音机里响起了淡远[2061]的琴声。他依稀[2062]看到洪素手的手在猛滚[2063]或慢拂[2064]，渐渐地，她的手化成[2065]了流水，化成了烟，向远处飘去。

一曲终了[2066]时，他看见自己在流泪，他看见自己在黑暗中默默[2067]地流泪。

2010 年 4 月一稿

2010 年 9 月二稿

[2054] 退出：tuì chū 퇴출하다

[2055] 薄纱：báo shā 거즈(gauze). 가제

[2056] 窗帘：chuāng lián 커튼

[2057] 素净：sù jing 수수하고 깔끔하다

[2058] 疑心：yí xīn 의심

[2059] 幻觉：huàn jué 환각

[2060] 滋滋：zī zī 삑삑(의성어)

[2061] 淡远：dàn yuǎn 낮고 멀어서 작게 들리는 (소리)

[2062] 依稀：yī xī 어렴풋하다

[2063] 猛滚：měng gǔn 맹렬하게 구르다

[2064] 慢拂：màn fú 천천히 가볍게 스치다

[2065] 化成：huà chéng 변하다

[2066] 终了：hōng liǎo 종료

[2067] 默默：mò mò 묵묵히